高校入試対策

英語リスニング 練習問題

実践問題集 長野県版 2025年春受験用

JN131911

contents

K 教英出版

本書の特長

①　基本問題集（別冊）

英語リスニング問題を **7 章の出題パターン別**に練習できる問題集です。
長野県公立高校入試の英語リスニング問題の**出題パターンを重点的**に練習できます。

②　解答集（別冊）

①基本問題集の解答・解説・放送文・日本語訳などを収録。すべての問題の**放送文と日本語訳を見開きページで見る**ことができ，**単語や表現を 1 つずつ照らし合わせながら復習**ができます。

③　実践問題集長野県版（この冊子）

長野県公立高校入試の**過去問題（2 回分）**と，形式が似ている**実践問題（3 回分）**を収録。
長野県公立高校入試の**出題パターンの把握**や**入試本番に向けての練習**に最適です。

実践問題集 長野県版 の特長と使い方

長野県公立高校入試で**実際に出題された**問題です。

長野県公立高校入試と**出題パターンが似ている**問題です。

2 ページの過去の典型的な出題パターンと対策で出題パターンを把握してから，**過去問題と実践問題**に進んでください。問題を解いた後に**解答例と解説**を見て，**答えにつながる聴き取れなかった部分を聴き直す**と効果的です。別冊の**基本問題集**で**出題パターン別**に練習して，**出題パターンに合った実力**をつけてからこの冊子に進むと，**過去問題**と**実践問題**をよりスムーズに解くことができます。

((◖)) 音声の聴き方

教英出版ウェブサイトの「**ご購入者様のページ**」に下記の「**書籍ＩＤ番号**」を入力して音声を聴いてください。

ID 197016 （有効期限 2025 年 9 月）　　　　ＩＤの入力はこちらから→

⚠ 購入された個人の方が，ご自身の学習のためにコピーを利用していただくことは可能ですが，それ以外の目的でコピーすることはおやめください。

過去の典型的な出題パターンと対策

 ▶ 絵・グラフ… 対話や英文を聞き，絵やグラフを選ぶ 別冊 第1章

 放送文

(Aya): I visited Okinawa for three days last week.
(Bob): That's nice. It's snowy here today, but how was the weather in Okinawa?
(Aya): It was rainy on the first day. But on the second day it was cloudy, and on the third day it was sunny at last.
Question: How was the weather when the girl arrived in Okinawa?

対話を聞いて，質問に合う絵をア～エから1つ選び，記号を書きなさい。

問題

ア 晴れ　　イ くもり　　ウ 雨　　エ 雪

▶ 対話と質問(複数)… 対話を聞き，複数の質問の答えを選ぶ 別冊 第5章

 放送文

Miki: Hi, Jim. What will you do this weekend?
Jim: Hi, Miki. On Saturday, I am going to go to see a popular movie in the new theater in front of the station.

↓ この間省略

Miki: Well, shall I lend you the book? I think you can enjoy watching the movie more if you have some information about the team.
Jim: Yes, please. The book will be helpful for getting ready to watch the movie. Thank you very much.

Question 1: What was the thing Miki liked the best about the movie?
Question 2: What will Jim probably do before he watches the movie?

対話を聞いて，それぞれの質問に合うものをア～エから1つ選び，記号を書きなさい。

 問題

(1) ア The actor.　　イ The history.　　ウ The story.　　エ The theater.

(2) ア He will listen to the music in the movie with Miki.
　　イ He will read the book which he is going to borrow.
　　ウ He will talk about the story of the movie with Miki.
　　エ He will get ready to write a book about the movie.

▶ 英文と質問(複数)… 英文を聞き，複数の質問の答えを選ぶ 別冊 第6章

放送文

　Now I'm going to talk about my classes in Japan. We often make groups and learn a lot of things from each other. Talking with the group members is very important for us because we can share different ideas. Here in America, I want to enjoy classes. So I will try to exchange ideas with you in English.

Questions: No. 1 Why does Sakura talk in groups during her classes in Japan?
　　　　　　No. 2 What does Sakura want to say in her speech?

英文を聞いて，それぞれの質問に合うものをア～エから1つ選び，記号を書きなさい。

 問題

No. 1 ア To make groups.
　　　イ To write a letter.
　　　ウ To share different ideas.
　　　エ To see many friends.

No. 2 ア How she learns in her classes.
　　　イ Which university she wants to go to.
　　　ウ When she decided to go to America.
　　　エ Who taught her English in Japan.

 Point

対策ポイント

英文と質問(複数)の問題では，問題に載っている内容を見て，音声が流れる前に内容を予想しよう。聞き取った内容をメモし，正しい選択肢を選ぼう。

過去問題 A

(1) No. 1

No. 2

No. 3

(2)

～ メニュー A ～		～ メニュー B ～		～ メニュー C ～	
1 野菜天ぷら定食	¥1,200	5 ギョウザ定食	¥ 900	9 チキンカレー	¥ 800
2 焼き魚定食	¥1,300	6 酢豚定食	¥1,000	10 サケのムニエル	¥ 750
3 親子丼	¥1,000	7 チャーハン	¥ 700	11 ミックスピザ	¥ 950
4 ざるそば	¥ 800	8 白身魚の姿蒸し	¥1,800	12 ハンバーガーセット	¥ 850

No. 1　Where is Nancy from?

〔　ア　America.　　　イ　France.　　　ウ　The U.K.　　　エ　China.　　　〕

No. 2　What will Nancy and Hiroshi get at the restaurant?

 ア　Nancy will get 9, and Hiroshi will get 8.

 イ　Nancy will get 3, and Hiroshi will get 2.

 ウ　Nancy will get 2, and Hiroshi will get 9.

 エ　Nancy will get 9, and Hiroshi will get 2.

(3) No. 1　What is an idea from Takeshi's speech?

> ア　It is still very hot in fall.
>
> イ　We can't walk around in the mountains in fall.
>
> ウ　He is going to dance in his school festival.
>
> エ　He can't make food with fruits.

No. 2　What is an idea from Satomi's speech?

> ア　Spring is the only season that she likes.
>
> イ　Her family enjoys beautiful flowers in the park.
>
> ウ　It is too cold, so we can't enjoy *hanami* in spring.
>
> エ　It is easy for her to paint pictures of flowers.

No. 3　What do both Takeshi and Satomi talk about?

> ア　About fruits.
>
> イ　About their families.
>
> ウ　About their friends.
>
> エ　About pictures.

No. 4　What does only Takeshi or Satomi talk about?

> ア　Only Takeshi talks about desserts.
>
> イ　Only Takeshi talks about the seasons.
>
> ウ　Only Satomi talks about colors.
>
> エ　Only Satomi talks about walking outside.

【問 1】

	No. 1	No. 2	No. 3
(1)			

	No. 1	No. 2
(2)		

	No. 1	No. 2	No. 3	No. 4
(3)				

問題は(1)，(2)，(3)があります。どの問題も英語を聞いて，質問の答えとして最も適切なものを，アからエの中から1つずつ選び，記号を書きなさい。英語は，それぞれ2度読まれます。メモをとってもかまいません。

まず，(1)から始めます。(1)は，No.1からNo.3のそれぞれの絵を見て答える問題です。

それでは，始めます。

No.1 ※ Look at No.1. People need this when they draw straight lines. Which picture shows this?

繰り返します。※ 略

No.2 ※ Look at No.2. The girl is reading the textbook in class, and then she will talk about it with her friend. Which picture shows this?

繰り返します。※ 略

No.3 ※ Look at No.3. It's 10 on Sunday morning now. Kenta got up at 7, then had breakfast, and left his house one hour ago. What time did Kenta leave his house?

繰り返します。※ 略

これで(1)は終わります。

次の(2)では，宏と留学生のナンシーが，レストランでメニューを見ながら会話をしています。メニューと内容に関する質問と答えの選択肢を，今から10秒間で確認しなさい。(間10秒)

それでは，始めます。

※

Hiroshi : Here's the menu, Nancy.

Nancy : Thank you, Hiroshi. Let's see. What's on Menu A?

Hiroshi : It has Japanese food. For example, No.1 is tempura.

Nancy : I see. How about Menu B and Menu C?

Hiroshi : B has Chinese food, and C has food from other foreign countries like America, France, and the U.K.

Nancy : The U.K.? That's my country.

Hiroshi : What food do you like in your country?

Nancy : I like masala. It is a kind of curry. Chicken masala is very popular in the U.K.

Hiroshi : Oh! That's interesting. This restaurant has a dish like chicken masala on Menu C.

Nancy : Really? I will try it. What do you want, Hiroshi?

Hiroshi : I like fish, and there are three dishes with fish, but I will get the one from Menu A.

繰り返します。※ 略

これで(2)は終わります。

次の(3)では，武と里美が，授業で好きな季節についてスピーチをします。内容に関するNo.1からNo.4の質問と答えの選択肢を，今から20秒間で確認しなさい。(間20秒)

それでは，始めます。

※

武のスピーチ

Hi, I'm Takeshi. I think each season has some nice things, but my favorite season is fall. In fall, it gets cooler, and we can see many colors in the mountains like red, yellow, and purple. I like walking in the mountains. There are also many kinds of delicious foods in fall. We can eat a lot of fruits. My family often makes apple pies together and eats them after dinner. Also, we have a school festival in October. I enjoy it every year. This year, I will dance with my friends in the festival. So, I like fall the best.

里美のスピーチ

Hello. I'm Satomi. I like all four seasons in Japan. However, I like spring the best. Spring is a warm season. People enjoy seeing beautiful flowers in many colors. We call this event *hanami*. Every spring, my family likes to walk in the park near my house and enjoys taking pictures of the beautiful flowers. Spring is also the time to start new things. Every April, I want to try something new. Last year, I started painting pictures of flowers. Painting is difficult for me, but it's a lot of fun. For these reasons, I like spring very much.

繰り返します。※ 略

〔アナウンス 4〕

これでリスニングテストを終わります。

(四点チャイム)

リスニングテスト

(1) No. 1

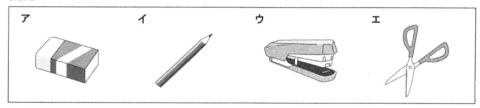

No. 2

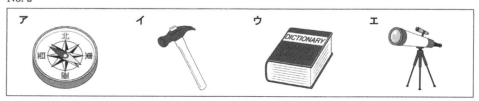

No. 3

(2) No. 1 ＜学校での会話＞

　　ア　I didn't have a headache.

　　イ　I hope you'll get well soon.

　　ウ　Sure.　I want to see him, too.

　　エ　OK.　You will.

No. 2 ＜バス乗り場での会話＞

　　ア　Three hundred yen.

　　イ　About twenty minutes.

　　ウ　At five o'clock.

　　エ　The bus No. 7.

(1)	No. 1	No. 2	No. 3

(2)	No. 1	No. 2

(3) No. 1 Which was used for Kevin's speech?

ア 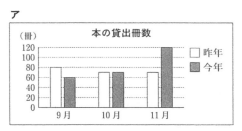 イ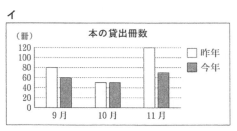

ウ 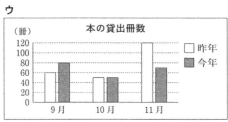 エ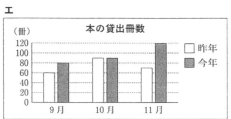

No. 2 Why did Kevin make this speech?

ア He wanted his classmates to know how many books they borrowed this October.

イ He wanted his classmates to make cards to show their favorite books.

ウ He wanted his classmates to come to the library and find wonderful books.

エ He wanted his classmates to know his favorite books.

(4) Which *memo has the information that Taro wanted to tell Terry?

ア

Message from Taro
— party starts at 4 *p.m.
— Taro's house at 2 p.m.
— bring a card game

イ

Message from Taro
— party starts at 3 p.m.
— Taro's house at 2 p.m.
— bring some food

ウ

Message from Taro
— party starts at 4 p.m.
— Taro's house at 3 p.m.
— bring some juice

エ

Message from Taro
— party starts at 3 p.m.
— Taro's house at 2 p.m.
— bring a card game

*(注) memo メモ　p.m. 午後

(3)	No. 1	No. 2

(4)

問題は、(1)，(2)，(3)，(4)があります。どの問題も、英語を聞いて、質問の答えとして最も適切なものを、**ア**から**エ**の中から1つずつ選び、記号を書きなさい。英語は、(1)は1度、(2)，(3)，(4)は2度読みます。メモをとってもかまいません。

まず、(1)から始めます。(1)は、No. 1からNo. 3のそれぞれの絵を見て答える問題です。
(1)は、英語は1度読みます。それでは、始めます。

No. 1　Look at No. 1. It is used for cutting paper. Which picture shows this?
No. 2　Look at No. 2. We usually use this when we want to know what a word means. Which picture shows this?
No. 3　Look at No. 3. The boy usually goes running before breakfast. But today, he didn't go out because the weather was bad. So, he had breakfast and then cleaned his room. Which picture shows what the boy did this morning?

これで(1)は終わります。

次の(2)では、No. 1とNo. 2で、男の人と女の人が会話をしています。それぞれの会話の後、"Question"と言ってから、会話についての質問をします。
(2)は、英語は2度読みます。それでは、始めます。

No. 1　※　A(m)：Hi, Amy. Did you hear about Taku?
　　　　　B(f)：No. What happened?
　　　　　A(m)：He has been in the hospital since last Friday.
　　　　　B(f)：Oh, really?
　　　　　A(m)：I'm going to go to the hospital to see him. Will you come with me?
　　　　　　　　Question(f)：What will the girl say next?
繰り返します。※　略
No. 2　※　A(m)：May I help you?
　　　　　B(f)：I want to go to Sakura Stadium. But I don't know which bus I should take.
　　　　　A(m)：Well, you can take the green one. That bus goes there.
　　　　　B(f)：Thank you. How long will it take?
　　　　　　　　Question(m)：What will the man say next?
繰り返します。※　略
これで(2)は終わります。

次の(3)では、図書委員のケビンが、自分のクラスで話をしています。内容に関するNo. 1とNo. 2の質問と答えの選択肢を、今から15秒間で確認しなさい。
（間 15秒）
(3)は、英語は2度読みます。それでは、始めます。
　　　　※
　　　　Look at this graph. This September, our class borrowed 60 books. We borrowed 80 books last September. I wanted you to borrow more books. So, I made some cards to show my favorite books to you. Some of you liked my idea and made cards, too. Thank you very much! This October, we borrowed more books than this September. This November, we borrowed more than 100 books. I'm very happy now because you have borrowed more books. I hope you will come to the library and find wonderful books.
繰り返します。※　略
これで(3)は終わります。

次の(4)では、太郎が、友人の有紀の誕生日パーティについて、テリーに電話をかけています。しかし、テリーは留守だったので、妹のルーシーと話をしています。内容に関する質問と答えの選択肢を、今から10秒間で確認しなさい。
（間 10秒）
(4)は、英語は2度読みます。それでは、始めます。
　　　　※
　　　　Lucy：Hello.
　　　　Taro：Hello, this is Taro. May I talk to Terry, please?
　　　　Lucy：Hi, Taro. This is Lucy, speaking. I'm sorry, but he isn't here now.
　　　　Taro：Can I leave a message about Yuki's birthday party tomorrow?
　　　　Lucy：All right.
　　　　Taro：We wanted to begin the party at 3 p.m. But she has a piano lesson at that time, so we will start the party at 4 p.m.
　　　　Lucy：I see.
　　　　Taro：Please ask Terry to come to my house at 2 p.m. I want to go shopping for some food and juice with him before the party. I also want him to bring a card game. We will play it at the party.
　　　　Lucy：OK.
　　　　Taro：That's all, thank you very much.
　　　　Lucy：No problem. Bye.
　　　　Taro：Bye.
繰り返します。※　略

〔アナウンス 4〕

これでリスニングテストを終わります。

（四点チャイム）

実践問題A

放送を聞いて答える問題

　　問題は，No. 1 ～ No. 7 の全部で 7 題あり，放送はすべて英語で行われます。放送される内容についての質問にそれぞれ答えなさい。No. 1 ～ No. 6 は，質問に対する答えとして最も適切なものを，A ～ D の中から 1 つずつ選び，その記号を書きなさい。No. 7 は，それぞれの質問に英語で答えなさい。放送中メモを取ってもかまいません。各問題について英語は 2 回ずつ放送されます。

【No. 1 ～ No. 3】

Listen to each talk, and choose the best answer for each question.

No. 1

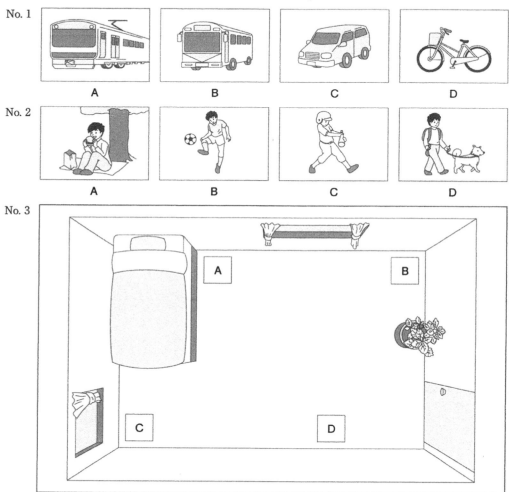

【No. 4, No. 5】

Listen to each situation, and choose the best answer for each question.

No. 4

A	Here you are.	**B**	Thanks.
C	You, too.	**D**	Give me some water, please.

No. 5

A	Sorry, I don't know.	**B**	You should go alone.
C	I will go with you.	**D**	Will you change trains at the station?

【No. 6】

Listen to the talk about a new candy shop, Sweet Saitama, and choose the best answer for questions 1, 2 and 3.

(1) Question 1

   A   On the shopping street near Keyaki Station.

   B   In the soccer stadium.

   C   In the building of Keyaki Station.

   D   On the way to a flower shop.

(2) Question 2

   A   One day.

   B   Two days.

   C   Three days.

   D   Four days.

(3) Question 3

   A   The new candy shop sells flowers from other countries.

   B   The new candy shop opens at seven a.m.

   C   The special ice cream is the most popular at the new candy shop.

   D   The new candy shop is closed on Mondays and Tuesdays.

【No. 7】

Listen to the talk between Miho and Mr. Ford, an ALT from London, and read the questions. Then write the answer in English for questions 1, 2 and 3.

(1) Question 1： When is Mr. Ford happy?

    Answer ：　He is happy when students (　　　　　　　　　) him in English.

(2) Question 2： Where does Mr. Ford often go to enjoy bird watching in Japan?

    Answer ：　He goes to the (　　　　　　　　　) near his house.

(3) Question 3： What did Mr. Ford want to be when he was a junior high school student?

    Answer ：　He wanted to be (　　　　　　　　　).

No. 1 ※		No. 2 ※		No. 3 ※	
No. 4 ※		No. 5 ※			
No. 6 ※	(1)		(2)		(3)
No. 7 ※	(1)	He is happy when students (　　　　　　　　　) him in English.			
	(2)	He goes to the (　　　　　　　　　) near his house.			
	(3)	He wanted to be (　　　　　　　　　).			

実践問題 A 　放送文

　これから「放送を聞いて答える問題」を始めます。　問題は，No. 1 〜 No. 7 の全部で 7 題あり，放送はすべて英語で行われます。放送される内容についての質問にそれぞれ答えなさい。No. 1 〜 No. 6 は，質問に対する答えとして最も適切なものを，A 〜 D の中から 1 つずつ選び，その記号を書きなさい。No. 7 は，それぞれの質問に英語で答えなさい。放送中メモを取ってもかまいません。各問題について英語は 2 回ずつ放送されます。
　では，始めます。

Look at No. 1 to No. 3.
Listen to each talk, and choose the best answer for each question.
Let's start.

No. 1

A : Hi, Bill. I went to the car museum and saw many cars last week.
B : Oh, really? I love cars, Mary. I want to go there, too. How can I get there?
A : You can take a bus from the station. But I went there by bike.
B : OK. Thanks.

Question : How did Mary go to the museum?

（会話と質問を繰り返します。）

No. 2

A : I saw Kevin yesterday when I was walking on the way to a hamburger shop. He was practicing soccer.
B : He is good at baseball, too, right?
A : Yes, he is. Look, Kevin is over there.
B : Oh, he is walking with his dog today.

Question : What was Kevin doing yesterday?

（会話と質問を繰り返します。）

No. 3

A : Judy, where do you want to put your new desk?
B : I want to put it in the corner by the window.
A : Oh, you want to put it by the bed?
B : No. There by the plant.

Question : Where does Judy want to put her desk?

（会話と質問を繰り返します。）

Look at No. 4 and No. 5.
Listen to each situation, and choose the best answer for each question.
Let's start.

No. 4

Peter has just come home by bike.
He is really thirsty and asks his mother to give him something to drink.
She gives him some water.

Question : What will Peter's mother say to him?

（英文と質問を繰り返します。）

No. 5

Emi is walking on the street.
A woman asks her the way to the station.
Emi is also going there, so Emi has decided to take the woman to the station.

Question : What will Emi say to the woman?

（英文と質問を繰り返します。）

Look at No. 6.
Listen to the talk about a new candy shop, Sweet Saitama, and choose the best answer for questions 1, 2 and 3.
Let's start.

A new candy shop, Sweet Saitama, just opened yesterday on the shopping street near Keyaki Station. It is on the way to the soccer stadium.

The shop sells things like candy, chocolate, and ice cream from many countries. The flowers made from candy are especially popular. The people working at the shop had training. They can make them by hand. You can see their work through the window of the shop from eleven a.m. to three p.m.

They started a special opening event yesterday, so a lot of people are at the shop today. If you buy something at the shop, you can get a piece of chocolate as a present. This event finishes tomorrow.

The shop is open from Wednesday to Sunday, from ten a.m. to seven p.m. Visit Sweet Saitama for a sweet time.

Question 1： Where is the new candy shop?

Question 2： How many days is the special opening event for?

Question 3： Which is true about the new candy shop?

（英文と質問を繰り返します。）

Look at No. 7.
Listen to the talk between Miho and Mr. Ford, an ALT from London, and read the questions. Then write the answer in English for questions 1, 2 and 3.
Let's start.

Miho :	Excuse me, Mr. Ford. May I ask you some questions for the school newspaper? I'm going to write about you.
Mr. Ford :	Of course, Miho.
Miho :	Thanks. Do you enjoy teaching English here?
Mr. Ford :	Yes. I'm happy when students talk to me in English.
Miho :	I also enjoy talking with you in English. What do you like to do on weekends?
Mr. Ford :	I really like bird watching. When I was in London, many birds flew into my garden, and I enjoyed watching them.
Miho :	Do you enjoy bird watching in Japan?
Mr. Ford :	Yes. I often go bird watching at the lake near my house. There are many kinds of birds. I always take a lot of pictures of them there. It's very interesting.
Miho :	That sounds fun. By the way, what did you want to be when you were a junior high school student?
Mr. Ford :	Well, I wanted to be a doctor, then. But when I was a high school student, I had a wonderful teacher, so I wanted to be a teacher like him.
Miho :	Oh, really? Thank you very much. I'll be able to write a good story.

（会話を繰り返します。）

以上で「放送を聞いて答える問題」を終わります。

実践問題 B

放送を聞いて答える問題

1 これから短い英文を読みます。英文は(1)〜(5)まで5つあります。それぞれの英文を読む前に，日本語で内容に関する質問をします。その質問に対する答えとして最も適切なものを，ア〜エから1つずつ選び，符号で書きなさい。なお，英文は2回ずつ読みます。

(1)

ア 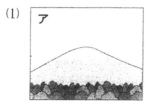 イ  ウ 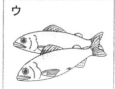 エ

(2)

ア  イ  ウ  エ

(3) ア why don't you send them with your message?

  イ will you send a present to her?

  ウ you should not give flowers to her.

  エ she can give them to you.

(4)

	Name of the Movie	Time	Language
ア	A Beautiful Season	10:00 a.m.〜11:45 a.m.	Japanese
イ	Great Family	10:00 a.m.〜11:45 a.m.	English
ウ	A Beautiful Season	2:00 p.m.〜 3:45 p.m.	English
エ	Great Family	2:00 p.m.〜 3:45 p.m.	Japanese

	(1)	
	(2)	
1	(3)	
	(4)	
	(5)	

(5) ア　Bob is going to visit both the city library and the city museum.

　　イ　Bob is going to write a report with his teacher.

　　ウ　Bob will visit Ms. Tanaka because she works at the library.

　　エ　Bob will visit the city museum first to meet Ms. Tanaka.

2　これから読む英文は，中学生の信二（Shinji）とベーカー先生（Ms. Baker）が話をしているときのものです。この英文を聞いて，(1)，(2)の問いに答えなさい。なお，英文は2回読みます。

　　英文を聞く前に，まず，(1)，(2)の問いを読みなさい。

(1)　次の①〜③に対する答えを，信二とベーカー先生の会話の内容に即して，英語で書きなさい。ただし，解答用紙の＿＿＿＿の部分には1語ずつ書くこと。

①　How often does Shinji work as a member of 'Nature Club'?

　　答え　He works every ＿＿＿＿＿.

②　Who told Shinji about 'Nature Club'?

　　答え　His ＿＿＿＿＿ told him about it.

③　What does Shinji want to do through his activities?

　　答え　He wants to ＿＿＿＿＿ their future.

(2)　信二とベーカー先生の会話の内容に合っているものを，ア〜エから1つ選び，符号で書きなさい。

ア　Shinji and Ms. Baker cleaned a river together.

イ　Shinji cleaned a river last weekend, but he could not enjoy it.

ウ　Shinji has been a member of 'Nature Club' for about three years.

エ　Shinji says he wants to clean Mt. Fuji next year.

2	(1)① He works every ＿＿＿＿＿＿＿＿＿.
	(1)② His ＿＿＿＿＿＿＿＿＿ told him about it.
	(1)③ He wants to ＿＿＿＿＿＿＿＿＿ their future.
	(2)

実践問題 B　　放送文

放送を聞いて答える問題

1

これから短い英文を読みます。英文は(1)から(5)まで5つあります。それぞれの英文を読む前に、日本語で内容に関する質問をします。その質問に対する答えとして最も適切なものを、アからエから1つずつ選び、符号で書きなさい。なお、英文は2回ずつ読みます。

(1)　これから読む英文は、ある絵について説明しているときのものです。何について説明しているのでしょう。

Many people like to go there.　We can find many kinds of fish in it.　We can also enjoy swimming there. We don't have this in Gifu.

(2)　これから読む英文は、賢治（ Kenji ）と友達のエミリー（ Emily ）が買い物をしているときの会話です。2人は何を見ながら話をしているのでしょう。

Kenji :　　Emily, I like this one.

Emily :　　This is so cool, Kenji.　It's so big that you can even put a basketball in it.

Kenji :　　I always have many things to carry, so I like the size.　I also like the design because it has a big star on it.

Emily :　　I agree.　You should buy it.

(3)　これから読む英文は、里奈（ Rina ）とトム（ Tom ）との会話です。その会話の最後で、トムがひとこと付け加えるとすると、どの表現が最も適切でしょう。なお、トムがひとこと付け加えるところで、チャイムが鳴ります。

Rina :　　I want to give a birthday present to my mother.　Do you have any ideas, Tom?

Tom :　　Well, last year I gave my mother some flowers.　She loved them.

Rina :　　That's nice.　Then, I will send pink flowers because it's her favorite color.

Tom :　　That's a good idea.　And（チャイムの音）

(4)　これから読む英文は、道夫（ Michio ）と留学生のアン（ Anne ）との会話です。2人が見に行こうとしている映画はどれでしょう。

Michio :　　Anne, how about going to see 'A Beautiful Season'?

Anne :　　Oh, I've already watched it, Michio.　Do you know 'Great Family'?　I've heard it is fun.

Michio :　　That sounds good.　Well, are you free tomorrow morning?

Anne :　　I'm sorry, I have to go to a piano lesson in the morning.　Let's see it in the afternoon.

Michio :　　No problem.　We can watch it in Japanese or English.　Which do you like?

Anne :　　I don't understand Japanese well, but I want to try.

Michio :　　OK.

(5) これから読む英文は，留学生のボブ（ Bob ）が調べ学習の計画について発表をしているときのものです。ボブの発表の内容に合っているものはどれでしょう。

First, I'm going to borrow some books from the city library to learn about the history of this city.　Then, I'd like to visit Ms. Tanaka.　She worked at the city museum before and knows a lot about this city.　I want to ask her some questions about the city.　After I meet Ms. Tanaka, I'm going to visit the city museum to see many things about the history.　I think that they will give me more information.　Finally, I'm going to write a report and show it to my teacher.

2

これから読む英文は，中学生の信二（ Shinji ）とベーカー先生（ Ms. Baker ）が話をしているときのものです。この英文を聞いて，(1)，(2)の問いに答えなさい。なお，英文は２回読みます。英文を聞く前に，まず，(1)，(2)の問いを読みなさい。

（間３０秒）では，始めます。

Shinji :	Good morning, Ms. Baker.
Ms. Baker :	Good morning, Shinji.　How was your weekend?
Shinji :	I had a great time.　I worked as a member of 'Nature Club'.
Ms. Baker :	'Nature Club'?　What is it?
Shinji :	It's like a volunteer group.
Ms. Baker :	I see.　Can you tell me more about 'Nature Club'?
Shinji :	Of course.　The members meet every month.　We talk about how we can protect nature and work together for that.　For example, we grow plants and clean our city.　Last time we cleaned a river.　I felt sad to see a lot of plastic bags or paper in the river, but after cleaning I felt happy.
Ms. Baker :	That's nice!　When did you join 'Nature Club' for the first time?
Shinji :	About three years ago.　My brother told me about it.
Ms. Baker :	I see.　Why did you decide to work as a volunteer?
Shinji :	I became interested in volunteer activities when I saw a TV program.　It was about climbing Mt. Fuji for cleaning.　Now I enjoy 'Nature Club' very much.
Ms. Baker :	You're great!
Shinji :	I want to continue these activities and improve our future.
Ms. Baker :	I hope you will enjoy your work and make our future better!
Shinji :	Thank you, I will.

実践問題C

1 ジェーンと勇樹との会話を聞いて，勇樹のことばに続くと考えられるジェーンのことばとして，次の**ア**～**エ**のうち最も適しているものを一つ選び，**解答欄の記号を○で囲みなさい。**

    ア I like Chinese food.   **イ** I don't eat food.   **ウ** Yes, you are kind.   **エ** No, I'm not.

解答欄	ア　　イ　　ウ　　エ

2 ホワイト先生が絵の説明をしています。ホワイト先生が見せている絵として，次の**ア**～**エ**のうち最も適していると考えられるものを一つ選び，**解答欄の記号を○で囲みなさい。**

解答欄	ア　　イ　　ウ　　エ

3 ベッキーとホストファミリーの翔太が電話で話をしています。二人の会話を聞いて，ベッキーが翔太のために買って帰るものとして，次の**ア**～**エ**のうち最も適していると考えられるものを一つ選び，**解答欄の記号を○で囲みなさい。**

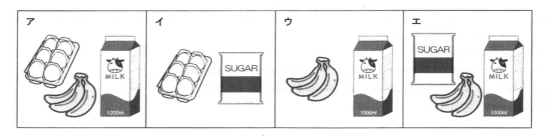

解答欄	ア　　イ　　ウ　　エ

4 ジョンとホストファミリーの恵子との会話を聞いて，恵子が住んでいる地域のごみの回収予定を表したものとして，次の**ア〜エ**のうち最も適していると考えられるものを一つ選び，**解答欄**の記号を○で囲みなさい。

ア

火曜日	水曜日	木曜日	金曜日
古紙	プラスチックペットボトル		燃えるごみ

イ

火曜日	水曜日	木曜日	金曜日
燃えるごみ	プラスチックペットボトル		古紙

ウ

火曜日	水曜日	木曜日	金曜日
燃えるごみ		プラスチックペットボトル	古紙

エ

火曜日	水曜日	木曜日	金曜日
燃えるごみ	古紙		プラスチックペットボトル

解答欄	ア	イ	ウ	エ

5 動物園で飼育員が案内をしています。その案内を聞いて，それに続く二つの質問に対する答えとして最も適しているものを，それぞれ**ア〜エ**から一つずつ選び，**解答欄**の記号を○で囲みなさい。

(1) **ア** Once.　　**イ** Twice.　　**ウ** Three times.　　**エ** Four times.

解答欄	ア	イ	ウ	エ

(2) **ア** To buy some food for the babies.
　イ To give some milk to the babies.
　ウ To take pictures of the babies.
　エ To buy the books about the babies.

解答欄	ア	イ	ウ	エ

6 登山中のエミリーと浩二との会話を聞いて，それに続く二つの質問に対する答えとして最も適しているものを，それぞれ**ア〜エ**から一つずつ選び，**解答欄**の記号を○で囲みなさい。

(1) **ア** The hot drink.　　　　　　　**イ** The map of the mountain.
　ウ The chocolate.　　　　　　　**エ** The beautiful view.

解答欄	ア	イ	ウ	エ

(2) **ア** Drinking something cold is good for his tired body.
　イ Enjoying the view is an easy way to get energy for his body.
　ウ Finding the best way to relax on a mountain is difficult.
　エ Getting energy for his mind is also an important thing.

解答欄	ア	イ	ウ	エ

実践問題C 放送文

1　Jane: Hi, Yuki.　I'm hungry.　Shall we go to a restaurant for lunch?
　　Yuki: Sure, Jane.　What kind of food do you like?

2　Look, everyone.　Now, I will introduce a gesture from England.　This person does two things.　First, he raises one of his hands.　Next, he puts his other hand on his head.　This was used in meetings in the old days.

3　Becky: Hi, Shota.　I'm at a supermarket.　Tomorrow, we will have a party at home.　Is there anything you want me to buy?
　Shota: Thank you, Becky.　I will make a cake tonight.　So I need a bottle of milk, some eggs, and bananas for the cake.
　Becky: OK.　Oh, Shota, we don't need to buy any eggs.　I think there are enough eggs in the kitchen.
　Shota: Really?　Oh, you are right.
　Becky: Do you need sugar?
　Shota: No.　We have enough sugar.　Thank you, Becky.
　Becky: You are welcome.　I will buy the things you need.　See you later.

4　John: Good morning, Keiko.　I cleaned my room last night and I put the trash in this plastic bag.　What should I do now?
　Keiko: Good morning, John.　The trash can be burned, right?　It's Tuesday today, so please put the bag in front of our house.　The bags will be collected later today.
　John: OK, can I put these old magazines and newspapers in the same bag?
　Keiko: No, we should recycle them.　The day for them is Friday.
　John: I will keep that in mind.　Oh, there are some plastic bottles here.　Do you have another bag for them?　Plastic bottles can also be recycled, right?
　Keiko: Yes, but the day for plastic things is tomorrow.　This is the bag for them.　Here you are.
　John: Thank you, Keiko.

5　Thank you for visiting the area of lions.　Now, it's 1 o'clock.　Soon, we will show you two babies of lions here.　They are very small and cute.　The babies were born three months ago.　They usually sleep almost all day and sometimes drink milk in a different room.　They can't eat food now, but they love milk.　Oh, they are coming.　We are sorry but please don't use your cameras and cellphones.　Strong light is not good for the babies.　…Now they are here!　This is the first time you can see these babies today.　After 30 minutes from now, they will go back to their room.　But you have one more chance to see them today.　The babies will come back here again at 4 p.m.　If you want to know more about the babies, you can buy books about them at the shop near the gate.　Buying the books is helpful because the money will be used to take care of the babies.　We hope you have a wonderful day at our zoo.　Thank you.

Question　1:　How many times does the zoo show the babies to the visitors today?
Question　2:　What is the thing the visitors can do to be helpful for the babies?

6　Emily:　Come on, Koji.　Are you tired?

　　Koji:　Yes, Emily.　Please wait.　I want to rest.

　Emily:　OK.　Let's rest here.　I will give you some hot tea.

　　Koji:　Thank you.　Oh, look at this map.　We are already at this point now.

　Emily:　Yes, but it will take one more hour to get to the top of the mountain.　We need energy.　How do you get energy when you are tired, Koji?

　　Koji:　I think drinking hot tea and eating delicious chocolate are very good for my body.　I always bring my favorite chocolate.

　Emily:　I also love chocolate.　Can you give me some?　Chocolate is good for relaxing.

　　Koji:　Sure, here you are.　How do you get energy, Emily?

　Emily:　I think enjoying the view from each place is important.　Look, we can see a lot of things from this high place.

　　Koji:　I see.　You mean you can get energy from the view?

　Emily:　Yes, I like the view from a high place.　When I look back and think about the way we've come, I can feel my effort until now.

　　Koji:　Oh, you are talking about getting energy for your mind.　Now I think getting energy for my mind is as important as getting energy for my body.

　Emily:　That's right!　Oh, you look better, Koji.　Are you feeling good now?

　　Koji:　Yes, I'm ready!　Let's go!

Question　1:　What did Koji give Emily as energy for her body?

Question　2:　What did Koji notice through the conversation?

解答例

(1)No.1. エ No.2. イ No.3. ウ
(2)No.1. ウ No.2. エ
(3)No.1. ウ No.2. イ No.3. イ No.4. ア

解説

(1)No.1 「直線を描くときに使うもの」より，エが適切。

No.2 「少女は授業で教科書を読んでいます。それから友達とそれについて話します」より，イが適切。

No.3 「現在，日曜日の午前 10 時です」「ケンタは7時に起きて，朝食を食べ，1時間前に家を出ました」「ケンタが家を出たのは何時ですか？」より，ウが適切。

(2) 【日本語訳】参照。

No.1 質問「ナンシーの出身はどこですか？」…ナンシーの3回目の発言より，ウが適切。

No.2 質問「ナンシーと宏はレストランで何を食べるでしょうか？」…ナンシーはメニューCの「チキンカレー」，宏はメニューAにある魚料理「焼き魚定食」を食べるつもりだから，エが適切。

【日本語訳】

宏　　　：メニューをどうぞ，ナンシー。

ナンシー：ありがとう，宏。さてと。メニューAは何かしら？

宏　　　：和食だよ。例えばNo.1は天ぷらだよ。

ナンシー：そうなのね。メニューBとメニューCは？

宏　　　：Bは中華料理で，Cはアメリカやフランス，イギリスのような他の外国の料理だよ。

ナンシー：No.1ウイギリス？それは私の国だわ。

宏　　　：君は，君の国のどんな料理が好きなの？

ナンシー：私はマサラが好きなの。それはカレーの一種よ。イギリスではチキンマサラがとても人気があるわ。

宏　　　：おお！それは興味深いね。No.2エこのレストランにはメニューCにチキンマサラのような料理があるよ。

ナンシー：No.2エ本当？私はそれにするわ。宏，あなたは何にするの？

宏　　　：No.2エ僕は魚が好きなんだ。魚を使った料理は3つあるよ。でも僕はメニューAの料理にしよう。

(3) 【日本語訳】参照。

No.1 質問「武のスピーチにある考えは何ですか？」…ウ「彼は学校祭でダンスをするつもりです」

No.2 質問「里美のスピーチにある考えは何ですか？」…イ「彼女の家族は公園で美しい花々を観賞します」

No.3 質問「武と里美は2人とも何について話をしていますか？」…イ「彼らの家族についてです」

No.4 質問「武だけが，または里美だけが話すものは何ですか？」…ア「武だけがデザートについて話します」

【日本語訳】

〔武のスピーチ〕こんにちは，僕は武です。どの季節にも素敵なところがあると思っていますが，僕が大好きなのは秋です。秋は，だんだん涼しくなってゆき，山では赤や黄色，紫のような多くの色を見ることができます。僕は山歩きが好きです。また秋は様々なおいしい食べ物があり，多くのフルーツを食べることができます。No.3. No.4僕の家族はよく一緒にアップルパイを作って，夕食後に食べます。また，10月には学校祭があります。僕は毎年それを楽しんでいます。No.1今年は，学校祭で友達とダンスをします。それで，僕は秋が1番好きです。

〔里美のスピーチ〕こんにちは。私は里美です。私は日本の四季が全部好きです。しかしながら，春が1番好きです。春は暖かい季節です。No.2. No.3人々は色とりどりの美しい花を観賞します。この行事を花見といいます。毎年，春，私の家族は近所の公園を歩くのが好きで，美しい花の写真を撮ります。また春は，新しいことが始まるときです。毎年，春，私は新しいことに挑戦したくなります。去年，私は花の描写を始めました。私にとって絵を描くことは難しいですが，とても楽しいです。このような理由で私は春が大好きです。

解答例

(1)No. 1 ．エ　No. 2 ．ウ　No. 3 ．エ

(2)No. 1 ．ウ　No. 2 ．イ

(3)No. 1 ．ア　No. 2 ．ウ

(4)ア

解　説

(1)No. 1 　「紙を切るために使います。どの絵がこれを表していますか？」…エ「はさみ」が適切。

　　No. 2 　「私たちはふつう，言葉が何を意味するか知りたいときに使います。どの絵がこれを表していますか？」…ウ「辞書」が適切。　　No. 3 　「その少年は普段朝食前に走りに行きます。でも今日は，天気が悪かったので外に出ませんでした。それで，彼は朝食を食べてから部屋を掃除しました。どの絵が，今朝少年がしたことを表していますか？」…エ「朝食を食べてから掃除をした」が適切。

(2)No. 1 　「女性は次に何と言うでしょうか？」…直前にタクが「僕は彼に会うために病院に行くんだ。一緒に来てくれない？」と誘ったので，ウ「いいわよ。私も彼に会いたいわ」が適切。　　No. 2 　「男性は次に何と言うでしょうか？」…直前に女性が「どれくらい(時間が)かかりますか？」と尋ねたので，イ「だいたい20分です」が適切。

(3)【日本語訳】参照。No. 1 　「ケビンのスピーチに使われたのはどれですか？」…アが適切。

　　No. 2 　「なぜケビンはこのスピーチをしましたか？」…ウ「クラスメートに図書館に来て，素敵な本を見つけてほしかった」が適切。

【日本語訳】

　このグラフを見てください。No.1ァ今年の９月，僕たちのクラスは60冊の本を借りました。去年の９月は80冊借りました。みなさんにもっと本を借りてほしかったです。それで，みなさんにお気に入りの本を見せるためにカードを作りました。僕のアイデアを気に入ってくれてカードを作った人もいます。どうもありがとうございました！No.1ァ今年の10月は，今年の９月よりも多くの本を借りました。今年の11月は100冊以上の本を借りました。みなさんがより多くの本を借りてく

れたので，僕は今とてもうれしいです。No.2ゥ図書館に来て，素敵な本を見つけてください。

(4)【日本語訳】参照。「どのメモが，太郎がテリーに言いたかった情報ですか？」

【日本語訳】

ルーシー：もしもし。

太郎　　：こんにちは，太郎です。テリーと話したいのですが。

ルーシー：こんにちは，太郎。ルーシーです。ごめんなさい，彼は今いません。

太郎　　：明日の有紀の誕生日パーティーのメッセージを残してもいい？

ルーシー：いいですよ。

太郎　　：ァ僕らは午後３時にパーティーを始めたかったけど，彼女はその時間にピアノのレッスンがあるので，午後４時にパーティーを始める予定だよ。

ルーシー：わかりました。

太郎　　：ァテリーに午後２時に僕の家に来るように頼んでよ。パーティーの前に一緒に食べ物やジュースを買いに行きたいんだ。ァカードゲームも持ってきてほしいよ。パーティーでやるんだ。

ルーシー：わかりました。

太郎　　：それだけだよ，ありがとう。

ルーシー：どういたしまして。さようなら。

太郎　　：さようなら。

解答例

No. 1. D　　No. 2. B　　No. 3. B

No. 4. A　　No. 5. C

No. 6. (1)A　(2)C　(3)D

No. 7. (1)talk to　(2)lake　(3)a doctor

解説

No. 1　質問「メアリーはどうやって博物館へ行きましたか？」…A（メアリー）の2回目の発言，I went there by bike.「私は自転車でそこへ行ったわ」より，Dが適切。

No. 2　質問「ケビンは昨日何をしていましたか？」…Aの最初の発言，He was practicing soccer.「彼はサッカーを練習していたよ」より，Bが適切。

No. 3　質問「ジュディはどこに机を置きたいですか？」…B（ジュディ）の最初の発言，I want to put it in the corner by the window.と，2回目の発言，There by the plant.「植物のそばよ」より，Bが適切。

No. 4　質問「ピーターの母は何と言うでしょうか？」…3文目のShe gives him some water.「彼女は彼に水を渡します」より，A「はい，どうぞ」が適切。Here you are.「はい，どうぞ」は相手にものを手渡すときの表現。

No. 5　質問「エミは女性に何と言うでしょうか？」…3文目のEmi has decided to take the woman to the station.「エミは女性を駅へ連れて行くことに決めた」より，C「一緒に行きましょう」が適切。

No. 6　【日本語訳】参照。

(1)　質問1「新しいキャンディーショップはどこにありますか？」…Aが適切。　(2)　質問2「特別開店イベントは何日間ですか？」…Cが適切。　(3)　質問3「新しいキャンディーショップで正しいものはどれですか？」…D「新しいキャンディーショップは月曜日と火曜日は閉まっています」が適切。

【日本語訳】

昨日，(1)Aけやき駅近くの商店街に新しいキャンディーショップ「スウィート埼玉」がオープンしました。サッカースタジアムに向かう途中です。

この店では，キャンディー，チョコレート，アイスクリームなど，さまざまな国の商品を販売しています。キャンディーで作られた花が特に人気です。その店で働く人は訓練を受け，手作業で作ることができます。午前11時から午後3時まで，店の窓越しに彼らの仕事を見ることができます。

(2)C昨日特別開店イベントを開始したので，今日はたくさんの人が来店しています。お店で何か買うとチョコレートがプレゼントされます。このイベントは明日終了します。

(3)D店は水曜日から日曜日の午前10時から午後7時まで開いています。甘い時間を求めてスウィート埼玉を訪れてください。

No. 7　【日本語訳】参照。

(1)　質問1「いつフォード先生はうれしいですか？」…「彼は生徒が英語で彼に（　　）ときにうれしい」＝talk to「話しかける」

(2)　質問2「フォード先生は，日本で，どこによくバードウォッチングを楽しみに行きますか？」…「彼は家の近くの（　　）に行く」＝lake「湖」

(3)　質問3「フォード先生は中学生のとき，何になりたかったのですか？」…「彼は（　　）になりたかった」＝a doctor「医者」

【日本語訳】

ミホ　　　：すみません，フォード先生。学校新聞の取材で質問をしてもいいですか？先生のことを書くつもりです。

フォード先生：もちろんです，ミホ。

ミホ　　　：ありがとうございます。ここで英語を教えるのは楽しいですか？

フォード先生：はい。(1)生徒たちが英語で私に話しかけてくれるときにうれしいです。

ミホ　　　：私も先生と英語で話すのは楽しいです。先生は週末，何をするのが好きですか？

フォード先生：私はバードウォッチングが本当に好きです。私がロンドンにいたとき，たくさんの鳥が私の庭に飛んできて，それらを見て楽しんだものです。

ミホ　　　：日本でのバードウォッチングを楽しんでいますか？

フォード先生：はい。(2)よく家の近くの湖へバードウォッチングに行きます。たくさんの種類の鳥がいます。いつもそこでたくさん写真を撮ります。それはとても面白いです。

ミホ　　　：楽しそうですね。ところで，中学生の頃は何になりたかったのですか？

フォード先生：そうですね，(3)私は医者になりたかったです。でも高校生の時に素敵な先生がいたので，彼のような先生になりたいと思いました。

ミホ　　　：ああ，そうなんですね？ありがとうございました。いい記事が書けそうです。

実践問題B

解答例

1．(1)イ　(2)ア　(3)ア　(4)エ　(5)ア

2．(1)①month　②brother　③improve　(2)ウ

解説

1(1)　「多くの人々がそこに行くのが好きです。その中にたくさんの種類の魚がいます。そこで泳ぎを楽しむこともできます。岐阜にはありません」より，イ「海」が適切。

(2)　賢治「エミリー，僕はこれが好きだよ」→エミリー「これはとてもすてきだわ，賢治。すごく大きいから，中にバスケットボールも入れられるわね」→賢治「僕はいつもたくさん運ぶものがあるから，このサイズがいいんだ。大きな星1つのデザインも好きだよ」→エミリー「そうね。それを買うべきよ」より，アが適切。

(3)　里奈「私は母に誕生日プレゼントをあげたいわ。何かいいアイデアはある，トム？」→トム「うーん，昨年僕は母に花をあげたよ。彼女はすごく気に入ってくれたよ」→里奈「素敵だわ。それじゃあ私はピンクの花でも送ろうかな。ピンクは彼女のお気に入りの色なの」→トム「いいアイデアだね。（　　）」より，ア「君のメッセージを付けて送ったらどう？」が適切。

(4)　道夫「アン，『A Beautiful Season』を見に行くのはどう？」→アン「ああ，すでにそれを見ちゃったわ，道夫。『Great Family』を知っている？面白いらしいわよ」→道夫「いいね。じゃあ，明日の午前中は空いている？」→アン「ごめんね，午前中はピアノのレッスンに行かなければならないわ。午後に見ましょう」→道夫「いいよ。日本語（吹き替え）と英語（字幕）で見ることができるよ。どっちがいい？」→アン「日本語はあまりわからないけど，挑戦してみたいわ」→道夫「わかったよ」より，エが適切。

(5)　【放送文の要約】参照。ア「ボブは市立図書館と市立博物館の両方に行くつもりです」

【放送文の要約】

まず，この街の歴史を学ぶために，ァ市立図書館から本を借ります。それから，田中さんのもとを訪れたいです。彼女は以前に市立博物館で働いていて，この街についてよく知っています。彼女に街について質問したいです。田中さんに会った後，歴史についていろいろと見るために，ァ市立博物館に足を運びます。それらは私により多くの情報を与えてくれると思います。最後に，レポートを書いて先生に見せます。

2【放送文の要約】参照。

(1)①　質問「信二は『ネイチャークラブ』のメンバーとしてどのくらいの頻度で働きますか？」…彼は毎月（＝every month）働きます。　②　質問「誰が信二に『ネイチャークラブ』について言いましたか？」…彼の兄（＝brother）がそれについて言いました。　③　質問「信二は活動を通して何をしたいですか？」…彼は未来を良くし（＝improve）たいです。

(2)　ウ○「信二は3年間『ネイチャークラブ』のメンバーです」が適切。ア「信二とベーカー先生は一緒に川を掃除しました」，イ「信二はこの前の週末，川を掃除しましたが，楽しめませんでした」，エ「信二は来年，富士山を掃除したいと言っています」は放送文にない内容。

【放送文の要約】

信二　　　　：おはようございます，ベーカー先生。

ベーカー先生：おはよう，信二。週末はどうだったの？

信二　　　　：とても楽しかったです。私は「ネイチャークラブ」のメンバーとして働いていました。

ベーカー先生：「ネイチャークラブ」？それは何なの？

信二　　　　：それはボランティアグループのようなものです。

ベーカー先生：なるほど。「ネイチャークラブ」について詳しく教えてくれない？

信二　　　　：もちろんです。(1)①メンバーは毎月顔を合わせます。自然を守る方法について話し合い，それに向けて協力して働きます。例えば，私たちは植物を育て，街をきれいにします。前回は川を掃除しました。川の中にビニール袋や紙がたくさんあって悲しくなりましたが，掃除をした後は嬉しかったです。

ベーカー先生：いいわね！「ネイチャークラブ」に初めて参加したのはいつなの？

信二　　　　：(2)ウ約3年前です。(1)②兄がそれについて教えてくれました。

ベーカー先生：なるほど。なぜボランティアとして働くことにしたの？

信二　　　　：テレビ番組を見たとき，ボランティア活動に興味を持ちました。それは掃除のために富士山に登るというものでした。今は「ネイチャークラブ」をとても楽しんでいます。

ベーカー先生：あなたは素晴らしいわ！

信二　　　　：(1)③これからも活動を続けて，未来を良くしていきたいです。

ベーカー先生：あなたが活動を楽しんで，私たちの未来を良くしてくれることを願っているわ！

信二　　　　：ありがとうございます，がんばります。

解答例

1．ア　　2．ア　　3．ウ　　4．イ
5．(1)イ　(2)エ　　6．(1)ウ　(2)エ

解説

1　勇樹の質問 What kind of food do you like?「どんな種類の食べ物が好き？」への返事だから，ア「中華料理が好きよ」が適切。

2　ホワイト先生の発言の he raises one of his hands「彼は片手を上げています」と he puts his other hand on his head「彼は反対の手を頭に乗せています」より，アが適切。

3　【放送文の要約】参照。

【放送文の要約】
ベッキー：もしもし，翔太。私は今，スーパーマーケットにいるの。明日は家でパーティーをするわ。何か買ってきてほしいものはある？
翔太　　：ありがとう，ベッキー。今夜ケーキを作るよ。だから，ケーキ用に牛乳1本，卵，バナナが必要だよ。
ベッキー：OK。あ，翔太，卵を買う必要はないわ。キッチンに十分な卵があると思うわ。
翔太　　：ほんと？あ，君の言う通りだ。
ベッキー：お砂糖は必要？
翔太　　：いいや。砂糖は十分あるよ。ありがとう，ベッキー。
ベッキー：どういたしまして。あなたが必要なものを買っていくわね。じゃあ，あとでね。

4　【放送文の要約】参照。燃えるごみ＝今日(火曜日)，古紙＝金曜日，プラスチック製品＝水曜日だから，イが適切。

【放送文の要約】
ジョン：おはよう，恵子。昨晩自分の部屋を掃除して，このビニール袋の中にごみを入れたよ。次はどうすればいい？
恵子　：おはよう，ジョン。それは燃えるごみよね？今日は火曜日だから，家の前にその袋を置けばいいわ。今日，これからその袋は回収されるわ。
ジョン：わかった。古雑誌と古新聞も同じ袋に入れていいの？
恵子　：だめよ。それはリサイクルするべきよ。それら(＝古紙)の回収日は金曜日よ。
ジョン：覚えておくよ。そうだ，ペットボトルがここにあるよ。ペットボトル用の別の袋があるの？ペットボトルもリサイクルできるよね？
恵子　：ええ。でもプラスチック製品の日は明日なの。これがそれ用の袋よ。はいどうぞ。
ジョン：ありがとう，恵子。

5　【放送文の要約】参照。(1)　質問「動物園は今日，何回来園者に赤ちゃんたちを見せますか？」…イ「2回」が適切。　　(2)　質問「来園者にできる，赤ちゃんたちの助けになることとは何ですか？」…エ「赤ちゃんたちに関する本を購入すること」が適切。

【放送文の要約】
ライオンエリアにお越しいただきありがとうございます。今1時です。まもなくここで2頭のライオンの赤ちゃんをご覧いただけ

ます。とても小さくてかわいいですよ。赤ちゃんたちは3か月前に生まれました。彼らは普段，ほとんど1日中寝ていて，時々別の部屋でミルクを飲みます。彼らはまだエサを食べることができませんが，ミルクは大好きです。あ，彼らが来ます。申し訳ありませんが，カメラやスマートフォンは使わないでください。強い光は赤ちゃんたちにとって良くないので。さあ，やってきました！(1)ィ今日赤ちゃんたちを見ることができるのはこれが初めてです。赤ちゃんたちは今から30分後に自分の部屋に戻っていきます。でも今日はもう1度見る機会があります。(1)ィ赤ちゃんたちは午後4時にもう1度ここに戻ってきます。もし赤ちゃんたちについてもっと知りたければ，門の近くのお店で彼らについての本を購入できます。(2)ェ売上は赤ちゃんたちのお世話に使われるので，本を購入していただけると助かります。当動物園で素晴らしい1日をお過ごしください。ありがとうございました。

6　【放送文の要約】参照。
(1)　質問「体へのエネルギーとして，浩二はエミリーに何をあげましたか？」…ウ「チョコレート」が適切。
(2)　質問「会話を通して浩二は何に気づきましたか？」…浩二の6回目の発言より，エ「心にエネルギーを補給することも大切である」が適切。　ア×「冷たい飲み物を飲むことは彼の疲れた体にとって良いことだ」　イ×「景色を楽しむことは彼の体にエネルギーを補給する簡単な方法だ」…本文にない内容。　ウ×「山でリラックスするために最適な方法を見つけるのは難しい」…本文にない内容。

【放送文の要約】
エミリー：がんばって，浩二。疲れちゃったの？
浩二　　：うん，エミリー。ちょっと待って。休憩したいよ。
エミリー：OK。ここで休憩しましょう。温かいお茶をあげるわ。
浩二　　：ありがとう。あ，地図を見て。僕たちはもうこのポイントにいるんだね。
エミリー：そうね。でも頂上に辿り着くにはあと1時間かかりそうね。エネルギーが必要だわ。浩二，あなたは疲れたとき，どうやってエネルギーを補給するの？
浩二　　：温かいお茶を飲んだりおいしいチョコレートを食べたりするのがすごく体にいい気がするよ。僕はいつもお気に入りのチョコレートを持ち歩いてるよ。
エミリー：(1)ゥ私もチョコレートが大好きよ。少しくれる？リラックスするにはチョコレートがうってつけね。
浩二　　：(1)ゥいいよ。はい，どうぞ。君はどうやってエネルギーを補給するの，エミリー？
エミリー：それぞれの場所からの景色を楽しむのが大事だと思うわ。見て。ここみたいな高い場所からだとさまざまなものが見えるわ。
浩二　　：なるほど。君は景色からエネルギーを補給するんだね。
エミリー：そうよ。私は高い場所からの景色が好きなの。進んできた道を振り返って考えると，今までの努力を実感できるわ。
浩二　　：君は心へのエネルギー補給について話しているんだね。(2)ェ今は，心へのエネルギー補給は体へのエネルギー補給と同じくらい大事だと思うよ。
エミリー：その通りよ！あら，元気になったみたいね，浩二。今は気分がいいでしょ？
浩二　　：うん，準備が整ったよ！さあ，出発しよう！

高校入試対策

英語リスニング練習問題

解 答 集

contents

※**問題は別冊です**

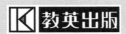

入試本番に向けて

入試本番までにしておくこと

入試本番までに志望校の過去問を使って出題パターンを把握しておこう。英語リスニング問題は学校ごとに出題傾向があります。受験する学校の出題パターンに慣れておくことが重要です。

リスニング開始直前のチェックポイント

音声が流れるまでに問題文全体にざっと目を通そう。それぞれの問題で話題となる場面や登場人物をチェックしておこう。

✅ イラストを check！

英語リスニング問題ではイラストやグラフが使われることが多くあります。イラストなら**共通点と相違点を見つけて**，放送される事がらを予想しておこう。グラフなら**たて軸とよこ軸が何を表しているか**を見ておこう。

✅ 選択肢を check！

英文を選ぶ問題では，選択肢の登場人物，場所，日時などを事前に見つけ出して○やアンダーラインなどの "しるし" をつけておこう。また，選択肢の共通点と相違点を見つけて質問を予想しておこう。

✅ 数字表現を check！

英語リスニング問題で必ず出題されるのが数字表現です。問題に数を表したイラストや時間を表す単語などがあるときは，数字を意識して解く問題だと予想しておこう。あらかじめ，問題文の英単語を数字に置きかえてメモしておく（fifteen → 15）とよい。

リスニング本番中の心構え

✅ メモにとらわれない！

英語リスニング問題ではほとんどの場合，「放送中にメモを取ってもかまいません。」という案内があります。特に，長文を聴き取らなくてはならないときはメモは不可欠です。ただし，メモを取るときに注意すべきことがあります。それは，**メモを取ることに集中しすぎて音声を聴き逃さない**ことです。○やアンダーラインなど自分がわかる "しるし" をうまく活用して，「聴く」ことから気をそらさないようにしよう。

✅ 2回目は聴き方を変える！

放送文が1回しか読まれない入試問題もありますが，多くの場合は質問も含めて2回繰り返して読まれます。2回繰り返して読まれるときは，1回目と2回目で聴き方を変えます。1回目は状況や場面を意識し，（質問が先に放送される場合は，）2回目は質問に合う答えを出すことを意識しよう。1回目で答えがわかったときは，2回目は聴き違いがないか消去法を使って確実に聴き取ろう。

この解答集の特長と使い方

問題を解き終えたら，基本問題集（別冊）P1 ～ P2 の手順で答え合わせと復習をしよう。
解答集の左側のページにある QR コードを読み取ると，そのページの**さらに詳しい解説**を見ることができます。

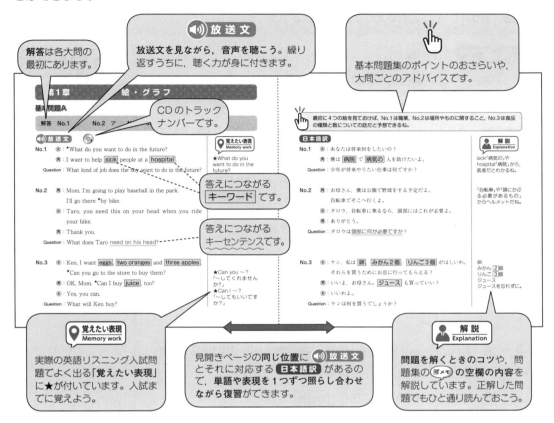

放送文
放送文を見ながら，音声を聴こう。繰り返すうちに，聴く力が身に付きます。

解答は各大問の最初にあります。

CD のトラックナンバーです。

基本問題集のポイントのおさらいや，大問ごとのアドバイスです。

最初に4つの絵を見ておけば，No.1は職業，No.2は場所やものに関すること，No.3は食品の種類と数についての話だと予想できるね。

第1章　絵・グラフ

基本問題A

解答 No.1　No.2 ア

放送文

No.1　㉯：*What do you want to do in the future?
　　　㊚：I want to help sick people at a hospital.
　　Question：What kind of job does the boy want to do in the future?

No.2　㊚：Mom, I'm going to play baseball in the park.
　　　　 I'll go there *by bike.
　　　㉯：Taro, you need this on your head when you ride
　　　　 your bike.
　　　㊚：Thank you.
　　Question：What does Taro need on his head?

No.3　㉯：Ken, I want eggs, two oranges and three apples.
　　　　 *Can you go to the store to buy them?
　　　㊚：OK, Mom. *Can I buy juice, too?
　　　㉯：Yes, you can.
　　Question：What will Ken buy?

覚えたい表現
Memory work

★What do you want to do in the future?

答えにつながる キーワード です。

答えにつながる キーセンテンス です。

★Can you ～?
「～してくれませんか？」
★Can I ～?
「～してもいいですか？」

日本語訳

No.1　㉯：あなたは将来何をしたいの？
　　　㊚：僕は 病院 で 病気の 人を助けたいよ。
　　Question：少年が将来やりたい仕事は何ですか？

No.2　㊚：お母さん，僕は公園で野球をする予定だよ。
　　　　 自転車でそこへ行くよ。
　　　㉯：タロウ，自転車に乗るなら，頭部にはこれが必要よ。
　　　㊚：ありがとう。
　　Question：タロウは頭部に何が必要ですか？

No.3　㉯：ケン，私は 卵，みかん2個，りんご3個 がほしいわ。
　　　　 それらを買うためにお店に行ってもらえる？
　　　㊚：いいよ，お母さん。ジュース も買っていい？
　　　㉯：いいわよ。
　　Question：ケンは何を買うでしょうか？

解説
Explanation

sick「病気の」やhospital「病院」から，医者だとわかるね。

「自転車」や「頭にかぶるもの＝必要があるもの」からヘルメットだね。

卵
みかん2個
りんご3個
ジュース
ジュースを忘れずに。

覚えたい表現
Memory work
実際の英語リスニング入試問題でよく出る「覚えたい表現」に★が付いています。入試までに覚えよう。

見開きページの同じ位置に **放送文** とそれに対応する **日本語訳** があるので，単語や表現を1つずつ照らし合わせながら復習ができます。

解説
Explanation
問題を解くときのコツや，問題集の ㊗メモ の空欄の内容を解説しています。正解した問題でもひと通り読んでおこう。

覚えたい表現
Memory work
まとめ　（P37 ～ 38）

「覚えたい表現」をおさらいしておこう。
このページの QR コードを読み取ると，グループ分けした「覚えたい表現」を見ることができます。

聞き違いをしやすい表現
Easy to mistake　（P39）

「聞き違いをしやすい表現」を知っておこう。
このページの音声はＣＤや教英出版ウェブサイトで聴くことができます。

もっと **リスニング力** をつけるには

音声に合わせてシャドーイング（発音）してみよう！
正しい発音ができるようになると聴く力もぐんと上がります。まずは自分のペースで放送文を声に出して読んでみよう。次に音声に合わせて発音していこう。最初は聴こえたまま声に出し，慣れてきたら正しい発音を意識しよう。繰り返すうちに，おのずと正しい発音を聴き取る耳が鍛えられます。

音声を聴きながらディクテーション（書き取り）してみよう！
聴こえた英文を書き取る練習をしよう。何度も聴いて文が完成するまでトライしよう。聴き取れなかった単語や文がはっきりするので，弱点の克服につながります。また，英語を書く力も鍛えられます。

第1章　　　　絵・グラフ

基本問題A

解答　No.1　イ　　No.2　ア　　No.3　エ

放送文

No.1　　女：★What do you want to do in the future?

　　　　男：I want to help sick people at a hospital.

　　Question：What kind of job does the boy want to do in the future?

No.2　　男：Mom, I'm going to play baseball in the park.

　　　　　　I'll go there ★by bike.

　　　　女：Taro, you need this on your head when you ride

　　　　　　your bike.

　　　　男：Thank you.

　　Question：What does Taro need on his head?

No.3　　女：Ken, I want eggs, two oranges and three apples.

　　　　　　★Can you go to the store to buy them?

　　　　男：OK, Mom. ★Can I buy juice, too?

　　　　女：Yes, you can.

　　Question：What will Ken buy?

覚えたい表現
Memory work

★What do you
want to do in the
future?
「あなたは将来何をし
たいですか？」

★by bike
「自転車で」

★Can you 〜？
「〜してくれません
か？」
★Can I 〜？
「〜してもいいです
か？」

基本問題B

解答　No.1　ア　　No.2　イ　　No.3　ア　　No.4　イ

**放送文**

No.1　　A man is ★looking at a clock on the wall.

　　Question：Which person is the man?

No.2　　It was snowing this morning, so I couldn't go to school

　　　　by bike. I ★had to walk.

　　Question：How did the boy go to school this morning?

覚えたい表現
Memory work

★look at 〜
「〜を見る」

★have to 〜
「〜しなければなら
ない」

最初に 4 つの絵を見ておけば，No.1 は職業，No.2 は場所やものに関すること，No.3 は食品の種類と数についての話だと予想できるね。

日本語訳

No.1 （女）：あなたは将来何をしたいの？

（男）：僕は 病院 で 病気の 人を助けたいよ。

Question：少年が将来やりたい仕事は何ですか？

解説
Explanation

sick「病気の」や hospital「病院」から，医者だとわかるね。

No.2 （男）：お母さん，僕は公園で野球をする予定だよ。

自転車でそこへ行くよ。

（女）：タロウ，自転車に乗るなら，頭部にはこれが必要よ。

（男）：ありがとう。

Question：タロウは頭部に何が必要ですか？

「自転車」や「頭にかぶる必要があるもの」からヘルメットだね。

No.3 （女）：ケン，私は 卵，みかん2個，りんご3個 がほしいわ。

それらを買うためにお店に行ってもらえる？

（男）：いいよ，お母さん。ジュース も買っていい？

（女）：いいわよ。

Question：ケンは何を買うでしょうか？

卵
みかん 2 個
りんご 3 個
ジュース
ジュースを忘れずに。

4 つの絵を見比べて，メモする内容を予想できたかな？ No.1 は男性がしていること，No.2 は天気と移動手段，No.3 は少年の体調，No.4 は時刻だね。

日本語訳

No.1 男性が 壁 の 時計 を見ています。

Question：その男性はどの人ですか？

解説
Explanation

clock「掛け時計／置き時計」より，**ア** だね。

No.2 今朝は 雪が降って いたので，私は学校に自転車で行けませんでした。私は歩かなければなりませんでした。

Question：その少年は今朝，どうやって学校へ行きましたか？

"snowing"，"walk" が聞き取れれば，**イ** とわかるね。

No.3　⦿女：★What's the matter?

　　　　⦿男：Well, I've had a stomachache since this morning. I didn't have it ★last night.

　　　　⦿女：That's too bad. Are you all right?

　　Question：When did the boy have a stomachache?

覚えたい表現
Memory work

★What's the matter?
「どうしたの？」
★last night「昨夜」

No.4　⦿女：Good morning, Kanta. Did you sleep well last night?

　　　　⦿男：Yes, Judy. I ★went to bed at eleven last night and ★got up at │seven this morning│.

　　　　⦿女：Good. I could only sleep ★for six hours.

　　Question：What time did Kanta get up │this morning│?

★go to bed
「寝る」
★get up「起きる」

★for ～（期間を表す言葉）「～の間」

練習問題A

解答	No.1 ア	No.2 エ	No.3 ア	No.4 ウ

　放送文　

No.1　⦿女：Ah, I hope it will ★stop raining soon.

　　　　⦿男：It was sunny yesterday.

　　　　⦿女：Yes. But the TV says we will have snow this afternoon.

　　　　⦿男：Really? ★How about │tomorrow│?

　　　　⦿女：It will be cloudy.

　　Question：How will the weather be │tomorrow│?

覚えたい表現
Memory work

★stop ～ing
「～することをやめる」

★How about ～？
「～はどうですか？」

No.2　⦿男：★Thank you for giving me a birthday present, Mary. I like the bag very much.

　　　　⦿女：I'm happy you like it, Kenta. Oh, you're wearing a nice T-shirt today.

　　　　⦿男：This is a birthday present from my sister. And my mother made a birthday cake ★for me.

　　　　⦿女：Great. But you wanted a computer, right?

　　　　⦿男：Yes, I got one from my │father│!

　　Question：What did Kenta get from his │father│?

★Thank you for ～ing.
「～してくれてありがとう」

★for ～（対象を表す言葉）「～のために」

No.3　　女：どうしたの？

　　　　男：うーん，今朝からずっとお腹が痛いんです。

　　　　　　昨夜は痛くなかったのですが。

　　　　女：それは大変ね。大丈夫？

　　Question：少年はいつお腹が痛かったですか？

No.4　　女：おはよう，カンタ。昨夜はよく眠れた？

　　　　男：うん，ジュディ。昨夜は11時に寝て，今朝は７時 に起きたよ。

　　　　女：いいね。私は６時間しか眠れなかったわ。

　　Question：カンタは 今朝 何時に起きましたか？

質問に
this morning「今朝」
とあるから起きた時
刻の午前７時だね。

 No.1は天気，No.2は誕生日プレゼント，No.3は時刻，No.4はクラスのアンケート結果について メモしよう。No.3は計算が必要だね。

日本語訳

No.1　　女：ああ，すぐに雨が止んでほしいわ。

　　　　男：昨日は晴れていたのに。

　　　　女：ええ。でもテレビによると，今日の午後は雪らしいわ。

　　　　男：本当に？ 明日 はどう？

　　　　女：くもりらしいわ。

　　Question： 明日 の天気はどうですか？

No.2　　男：誕生日プレゼントをありがとう，メアリー。

　　　　　　バッグをとても気に入ったよ。

　　　　女：気に入ってくれてよかったわ，ケンタ。

　　　　　　あら，今日は素敵なTシャツを着ているわね。

　　　　男：これは姉(妹)からの誕生日プレゼントなんだ。

　　　　　　母も僕のために誕生日ケーキを作ってくれたんだ。

　　　　女：すてき。でもあなたはパソコンがほしかったんでしょ？

　　　　男：そうだよ，父 からもらったよ！

　　Question：ケンタは 父 から何をもらいましたか？

メアリー：バッグ
姉(妹)：Tシャツ
母：誕生日ケーキ
父：パソコン
質問はfather「父」か
らもらったものだか
ら，パソコンだね。

No.3　⊛：The movie will start at 11:00.

　　　　　★What time shall we meet tomorrow, Daiki?

　　⊛：How about meeting at the station at 10:30, Nancy?

　　⊛：Well, I want to go to a bookstore with you before the movie starts. Can we meet earlier?

　　⊛：All right. Let's meet at the station fifty minutes before the movie starts.

　　⊛：OK. See you tomorrow!

Question：What time will Daiki and Nancy meet at the station?

覚えたい表現
Memory work

★What time shall we meet?
「何時に待ち合わせようか？」

No.4　⊛：Tsubasa, look at this!

　　　　　We can see the most popular sports in each class.

　　⊛：Soccer is ★the most popular in my class, Mary.

　　⊛：Soccer is popular in my class, too.
　　　　But volleyball is more popular.

　　⊛：I see. And many of my classmates want to play softball.
　　　　I want to try it, too!

　　⊛：Really? ★No students in my class want to play softball.

Question：Which is Mary's class?

★the＋最上級＋in＋○○
「○○の中で最も…」

★no＋人
「(人)が1人もいない」

練習問題B

解答　No.1　ア　　No.2　ウ　　No.3　ア　　No.4　ウ

No.1　⊛：Kota, what a nice room!

　　⊛：Thank you! Do you know what this is, Judy?

　　⊛：No. ★I've never seen it before. Is it a table?

　　⊛：Yes, but this is not just a table.
　　　　This also ★keeps us warm in winter.

Question：What are they talking about?

覚えたい表現
Memory work

★I've never ～.
「私は一度も～したことがない」

★keep＋人／もの＋状態「(人／もの)を(状態)に保つ」

No.3　㊛：映画は11時に始まるわ。

　　　　　明日は何時に待ち合わせようか，ダイキ？

　　　㊚：10時半に駅で待ち合わせるのはどう，ナンシー？

　　　㊛：そうねぇ，私は映画が始まる前にあなたと書店に行きたいわ。

　　　　　もっと早く待ち合わせできる？

　　　㊚：いいよ。映画が始まる50分前に駅で会おう。

　　　㊛：わかったわ。また明日ね！

　　　Question：ダイキとナンシーは何時に駅で待ち合わせますか？

No.4　㊛：ツバサ，これを見て！

　　　　　それぞれのクラスで1番人気のあるスポーツがわかるわ。

　　　㊚：僕のクラスではサッカーが1番人気だね，メアリー。

　　　㊛：サッカーは私のクラスでも人気よ。

　　　　　でも，バレーボールの方がもっと人気だわ。

　　　㊚：そうだね。それから，僕のクラスメートの多くはソフトボールをやりたいようだよ。僕もやってみたいな！

　　　㊛：本当？私のクラスではソフトボールをやりたい生徒はいないわ。

　　　Question：メアリーのクラスはどれですか？

グラフの問題の音声を聞くときは，1番多い(少ない)もの，増加，減少などをメモしよう。消去法も有効だよ。

日本語訳

No.1　㊛：コウタ，何て素敵な部屋なの！

　　　㊚：ありがとう！これは何か知ってる，ジュディ？

　　　㊛：いいえ。一度も見たことがないわ。テーブルかしら？

　　　㊚：そうだよ，でもこれはただのテーブルではないんだ。

　　　　　これは冬に僕らを温めてもくれるんだ。

　　　Question：彼らは何について話していますか？

No.2 男：Kate, this is a picture of our music band.

We played some songs at the *school festival this year.

It was a wonderful time for us!

女：You *look excited, Hiroshi.

Who is the student playing the guitar *next to you?

男：He is Ryosuke. He plays the guitar well, and the other student playing the guitar is Taro.

女：I see. The student playing the drums is Takuya, right?

*I hear he *is good at singing, too.

Question：Which boy is Hiroshi?

★school festival
「学園祭」
★look 〜
「〜のように見える」
★next to 〜
「〜のとなりに」

★I hear (that) 〜.
「〜だそうだ」
★be good at 〜 ing
「〜することが得意だ」

No.3 It was interesting to know what activity you enjoyed the best in my English class.

I *was glad to know that *over ten students chose *making speeches. Eight students chose reading stories, and *the same number of students chose writing diaries.

Maybe you can guess the most popular activity among you. It was listening to English songs.

I hope you will *keep enjoying English.

Question：Which graph is the speaker explaining?

★be glad to 〜
「〜してうれしい」
★over 〜「〜以上」
★make a speech
「スピーチをする」
★the number of 〜
「〜の数」

★keep 〜 ing
「〜し続ける」

No.4 Look at the graph.

This is a graph of the number of visitors to the art museum which was built in 2014 in our city.

The number kept *going up until 2016.

But the next year, it *went down 20%.

The numbers in 2017 and 2018 were the same.

Question：Which graph is the speaker explaining?

★go up「増加する」

★go down
「減少する」

No.2　⑨：ケイト，これは僕らの音楽バンドの写真だよ。

　　　　僕らは今年学園祭で何曲か演奏したんだ。

　　　　僕らにとってすばらしい時間だったよ！

　　⑨：興奮しているようね，ヒロシ。

　　　　あなたのとなりでギターを弾いているのは誰？

　　⑨：彼はリョウスケだよ。彼はギターが上手なんだ，そしてもう1人，ギターを弾いているのがタロウだよ。

　　⑨：そうなの。ドラムをたたいているのはタクヤね？

　　　　彼は歌も上手だそうね。

　　Question：どの少年がヒロシですか？

No.3　私の英語の授業の中で，みなさんが何の活動を一番楽しんだかがわかって興味深かったです。

　　　　私は，10人以上の生徒がスピーチをすることを選んでくれたと知って，うれしく思いました。8人の生徒が物語を読むことを選び，同じ人数の生徒が日記を書くことを選びました。

　　　　みなさんのあいだで一番人気があったものはたぶん想像がつくと思います。

　　　　英語の歌を聞くことでした。

　　　　これからもずっと英語を楽しんでほしいです。

　　Question：話し手が説明しているのはどのグラフですか？

No.4　グラフを見て下さい。

　　　　これは，2014年に私たちの市に建てられた美術館の，来場者数のグラフです。

　　　　その数は2016年まで増加し続けました。

　　　　しかし，次の年に20％減少しました。

　　　　2017年と2018年は同数でした。

　　Question：話し手が説明しているのはどのグラフですか？

解　説
Explanation

ギター：
リョウスケとタロウ
ドラム：タクヤ
ヒロシはリョウスケのとなりにいる**ウ**だね。

音声を聞く前にグラフの項目名を見ておこう。
スピーチ：10人以上
物語：8人
日記：物語と同じ人数
英語の歌：最も人気

これらの情報から**ア**を選べるね。

増減に着目しよう。
「2016年まで増加」
「2017年と2018年は同数」より，**ウ**だね。

第2章　　　　　　　次の一言

基本問題

解答　No.1　イ　　　No.2　ウ　　　No.3　イ　　　No.4　ア

🔊 放 送 文　◎5

No.1　囡：★Have you ever been to a foreign country?

　　　　 團：Yes. I went to Australia last year.

　　　　 囡：Oh, I see. How long did you stay there?

ア　By plane.　　イ　For six days.　　ウ　With my family.

No.2　囡：★May I help you?

　　　　 團：Yes, I'm ★looking for a blue jacket.

　　　　 囡：How about this one?

ア　Here you are.　　イ　I'm just looking.　　ウ　It's too expensive for me.

★May I help you?
「お手伝いしましょうか？／いらっしゃいませ」
★look for ～
「～を探す」

No.3　囡：★What are you going to do this weekend?

　　　　 團：I'm going to ★go fishing in the sea with my father if it's sunny.

　　　　 囡：Really? That will be fun.

ア　Sorry, I'm busy.　　イ　I hope the weather will be nice.
ウ　Nice to meet you.

★What are you going to do?
「何をするつもりですか？」
★go fishing
「釣りに行く」

No.4　囡：Hello.

　　　　 團：Hello, this is Mike. ★May I speak to Yoko?

　　　　 囡：I'm sorry. She isn't at home now.

ア　OK. I'll call again later.　　イ　Shall I take a message?
ウ　Hello, Yoko. How are you?

★May I speak to ～?
「（電話で）～さんをお願いできますか？」

最後の英文をメモできたかな。質問ならばそれに合う答えを選び，質問でなければ，話の流れから考えよう。消去法も有効だよ。

日本語訳

No.1
　(女)：外国に行ったことはある？

　(男)：うん。去年，オーストラリアに行ったよ。

　(女)：あら，そうなの。そこにはどれくらい滞在したの？

ア　飛行機だよ。　　**イ**　**6日間だよ。**　　ウ　家族と一緒にだよ。

> 最後の英文
> How long 〜?
> 「(期間をきいて)どれくらい〜？」より，返答はFor 〜.
> 「〜間です」だね。

No.2
　(女)：お手伝いしましょうか？

　(男)：はい，青いジャケットを探しています。

　(女)：こちらはいかがですか？

ア　はい，どうぞ。　　イ　見ているだけです。　　**ウ**　**私には値段が高すぎます。**

> 最後の英文
> How about this one?
> 「こちらはいかがですか？」より，返答は**ウ**だね。

No.3
　(女)：この週末は何をするつもりなの？

　(男)：晴れたら，父と海に釣りに行くつもりだよ。

　(女)：本当に？それは楽しそうね。

ア　ごめん，僕は忙しいんだ。　　**イ**　**天気が良いことを願うよ。** ウ　会えてうれしいよ。

> 最後の英文が質問ではない。その前に「晴れたら…」と言っているので，話の流れから**イ**だね。

No.4
　(女)：もしもし。

　(男)：もしもし，マイクです。ヨウコさんをお願いできますか？

　(女)：ごめんね。彼女は今家にいないわ。

ア　**わかりました。あとでかけ直します。**　　イ　伝言を預かりましょうか？ ウ　やあ，ヨウコ。元気？

> 電話で相手が不在だった場合，電話をかけた側がよく使う表現を選ぶよ。ふさわしいのは**ア**だね。

練習問題

解答　No.1　エ　　No.2　ウ　　No.3　イ　　No.4　ア

🔊 放送文　💿6

No.1　男：Hello?

女：This is Natsuki. May I speak to Jim, please?

男：I'm sorry, but *you have the wrong number.

ア　I don't know your phone number.
イ　I see. Do you want to leave a message?
ウ　Can you ask him to call me?
エ　I'm so sorry.

No.2　男：Have you finished cooking?

女：No. *I've just washed the tomatoes and carrots.

男：OK. Can I help you?

ア　Sorry. I haven't washed the tomatoes yet.
イ　I don't think so. Please help me.
ウ　Thanks. Please cut these carrots.
エ　All right. I can't help you.

No.3　女：It's so hot today. Let's have something to drink.

男：Sure. I know a good shop. It *is famous for fruit juice.

女：Really? *How long does it take to get there from here by bike?

ア　Ten o'clock in the morning.　イ　Only a few minutes.
ウ　Four days a week.　エ　Every Saturday.

No.4　男：Whose notebook is this? *There's no name on it.

女：Sorry, Mr. Jones. It's mine.

男：Oh, Ellen. You should write your name on your notebook.

ア　Sure. I'll do it now.　イ　No. I've never sent him a letter.
ウ　Yes. You found my name on it.　エ　Of course. I finished my homework.

📍 覚えたい表現
Memory work

★You have the wrong number.
「番号が違っています」

★I've just＋過去分詞.
「ちょうど～したところだ」

★be famous for ～
「～で有名である」
★How long does it take to ～？
「～するのにどれくらい時間がかかりますか？」

★There is no ～.
「～がない」

最後の英文を聞き取って，メモできたかな？質問や提案に対する受け答えを注意深く選ぼう。

日本語訳

解説
Explanation

No.1
男：もしもし？

女：ナツキです。ジムさんをお願いできますか？

男：すみませんが，<u>番号が違っています</u>。

ア　私はあなたの電話番号を知りません。
イ　わかりました。伝言を残したいですか？
ウ　私に電話するよう彼に伝えてくれますか？
エ　失礼しました。

男性の「番号が違っています」に対して，エ「失礼しました」以外は不適切だね。

No.2
男：料理は終わった？

女：いいえ。ちょうどトマトとニンジンを洗ったところよ。

男：よし，<u>手伝おうか？</u>

ア　ごめん。私はまだトマトを洗い終えていないの。
イ　そうは思わないわ。私を手伝って。
ウ　ありがとう。ニンジンを切って。
エ　わかったわ。私は手伝えないわ。

男性の提案「手伝おうか？」に対して，ウ「ありがとう。ニンジンを切って」以外は不適切だね。

No.3
女：今日はとても暑いわ。何か飲みましょう。

男：いいね。いい店を知っているよ。フルーツジュースで有名なんだ。

女：本当に？<u>自転車でそこに行くのにどれくらい時間がかかるの？</u>

ア　午前10時だよ。　　イ　ほんの数分だよ。
ウ　週に4日だよ。　　エ　毎週土曜日だよ。

How long does it take to〜?「〜するのにどれくらい時間がかかりますか？」に対して，イOnly a few minutes.「ほんの数分」以外は不適切だね。

No.4
男：これは誰のノートかな？名前が書いてないな。

女：すみません，ジョーンズ先生。私のです。

男：おお，エレン。<u>ノートには自分の名前を書いておくべきだよ。</u>

ア　わかりました。すぐにそうします。
イ　いいえ。彼に手紙を送ったことはありません。
ウ　はい。あなたはそこに私の名前を見つけましたよね。
エ　もちろんです。私は宿題を終えました。

先生から「ノートには自分の名前を書いておくべきだよ」と言われたことに対して，ア「わかりました。すぐにそうします」以外は不適切だね。

← さらに詳しい解説

第３章　　　対話や英文と質問（１つ）

基本問題

解答　No.1　エ　　　No.2　ア　　　No.3　ウ

No.1　Mike finished his homework.

He was very hungry.

His mother said, "Dinner ★is ready.

Please ★tell Dad to come to the dining room."

So he went to his father.

Question：What is Mike's mother going to do?

> ア　She is going to do Mike's homework with her husband.
> イ　She is going to cook dinner in the dining room.
> ウ　She is going to go to the dining room with Mike.
> エ　**She is going to eat dinner with her husband and Mike.**

覚えたい表現
Memory work

★be ready
「準備ができている」
★tell＋人＋to ～
「(人)に～するように
に言う」

No.2　⊛：Tom, how's the pizza?

⊛：It's delicious, Lisa. I like your pizza very much.

⊛：Thank you. ★Would you like some more?

Question：What will Tom say next?

> ⑦　**Yes, please. I want more.**　イ　Help yourself, Lisa.
> ウ　I'm sorry. I can't cook well.　エ　Of course. You can take it.

★Would you like
some more?
「もう少しいかが？」
（食べ物などを勧め
るときの表現）

No.3　⊛：I want this black pen . ★How much is it?

⊛：Now we're having a sale. It's 1,500 yen this week.

⊛：I'll take it. It's a birthday present for my father.

Question：Where are they?

> ア　They are in the nurse's office.　イ　They are in the library.
> ⑦　**They are at a stationery shop.**　エ　They are at a birthday party.

★How much ～?
「～はいくらですか？」

選択肢を読み比べておくと，誰の何について質問されるかをある程度予想できるよ。対話を聞きながら，人の名前や行動などをメモしよう。

日本語訳

解説
Explanation

No.1　マイクは宿題を終えました。

彼はとてもお腹がすいていました。

母親が言いました。「夕食の準備ができたわ。

お父さんにダイニングに来るように言って」

それで彼は父親のところに行きました。

Question：マイクの母親は何をするつもりですか？

ア　彼女は夫と一緒にマイクの宿題をするつもりです。
イ　彼女はダイニングで夕食を作るつもりです。
ウ　彼女はマイクとダイニングに行くつもりです。
(エ)　彼女は夫とマイクと一緒に夕食を食べるつもりです。

マイク：宿題が終わった。おなかがすいた。父親を呼びに行く。
母親：夕食の準備ができた。
つまり，これから3人で夕食を食べるので，エだね。

No.2　(女)：トム，ピザはどう？

(男)：おいしいよ，リサ。僕は君のピザが大好きだよ。

(女)：ありがとう。もう少しいかが？

Question：トムは次に何を言うでしょうか？

(ア)　うん，お願い。もっとほしい。　イ　自由に取ってね，リサ。
ウ　ごめん。うまく料理できないんだ。　エ　もちろん。取っていいよ。

リサがトムに「もう少しいかが？」と勧めているので，アだね。

No.3　(女)：私はこの 黒いペン を買いたいです。おいくらですか？

(男)：ただいまセール中です。今週は1500円です。

(女)：それをいただきます。父への誕生日プレゼントなんです。

Question：彼らはどこにいますか？

ア　彼らは保健室にいます。　イ　彼らは図書館にいます。
(ウ)　彼らは文具店にいます。　エ　彼らは誕生日会にいます。

黒いペンを売っている店だから，ウのstationery shop「文具店」だね。

練習問題

解答　No.1　ア　　No.2　イ　　No.3　ア　　No.4　イ

放送文　🎧8

No.1 男：I'm going to buy a birthday present for my sister.

Lisa, can you go with me?

女：Sure, Ken.

男：★Are you free tomorrow?

女：Sorry, I can't go tomorrow. When is her birthday?

男：Next Monday. Then, how about this Saturday or Sunday?

女：Saturday is fine with me.

男：Thank you.

女：What time and where shall we meet?

男：How about at eleven at the station?

女：OK. See you then.

Question：When are Ken and Lisa going to buy a birthday present for his sister?

ⓐ This Saturday.　イ This Sunday.　ウ Tomorrow.　エ Next Monday.

★Are you free?
「（時間が）空いている？」

No.2 女：Hello?

男：Hello. This is Tom. Can I speak to Eita, please?

女：Hi, Tom. I'm sorry, he ★is out now.

Do you ★want him to call you later?

男：Thank you, but I have to go out now. ★Can I leave a message?

女：Sure.

男：Tomorrow we are going to do our homework at my house. ★Could you ask him to bring his math notebook?

I have some questions to ask him.

女：OK, I will.

Question：What does Tom want Eita to do?

★be out
「外出している」
★want＋人＋to ～
「（人）に～してほしい」
★Can I leave a message?
「伝言をお願いできますか？」

★Could you ～？
「～していただけませんか？」

ア To do Tom's homework.　ⓘ To bring Eita's math notebook.
ウ To call Tom later.　エ To leave a message.

音声を聞く前に選択肢を読み比べて, 質問される人や内容を考えておこう。対話が長いので, ポイントをしぼってメモをとろう。

日本語訳

解説
Explanation

No.1　(男)：姉(妹)の誕生日プレゼントを買おうと思っているんだ。リサ, 一緒に来てくれない？

(女)：いいわよ, ケン。

(男)：明日は空いてる？

(女)：ごめんね, 明日は行けないわ。彼女の誕生日はいつ？

(男)：次の月曜日だよ。じゃあ, <u>この土曜日か日曜日はどう？</u>

(女)：<u>土曜日は都合がいいわ。</u>

(男)：ありがとう。

(女)：何時にどこで待ち合わせる？

(男)：11時に駅でどうかな？

(女)：ええ。じゃあそのときね。

Question：ケンとリサはいつ彼の姉(妹)の誕生日プレゼントを買うつもりですか？

⑦　この土曜日。　イ　この日曜日。　ウ　明日。　エ　次の月曜日。

選択肢より, 曜日に注意してメモをとろう。This Saturday.「この土曜日」の**ア**だね。

No.2　(女)：もしもし？

(男)：もしもし。トムです。英太さんをお願いできますか？

(女)：こんにちは, トム。ごめんね, 彼は今外出しているわ。あとでかけ直すようにしましょうか？

(男)：ありがとうございます, でもすぐに外出しないといけないんです。伝言をお願いできますか？

(女)：いいわよ。

(男)：明日, 僕の家で一緒に宿題をすることになっています。<u>数学のノートを持ってくるよう彼に頼んでいただけませんか？</u>彼にいくつか尋ねたいことがあるんです。

(女)：わかったわ, 伝えておくわね。

Question：トムが英太にしてほしいことは何ですか？

ア　トムの宿題をすること。　⑦　数学のノートを持ってくること。
ウ　あとでトムに電話すること。　エ　伝言を残すこと。

選択肢より, 英太がトムに対してすること(トムが英太にしてほしいこと)を選ぼう。トムは3回目の発言で**イ**の内容の伝言を伝えたんだね。

－ 18 －

← さらに詳しい解説

No.3

女：Hi, Mike. ★What kind of book are you reading?

男：Hi, Rio. It's about *ukiyoe* pictures. I learned about them last week.

女：I see. You can see *ukiyoe* in the city art museum now.

男：Really? I want to visit there.
In my country, there are some museums that have *ukiyoe*, too.

女：Oh, really? I ★am surprised to hear that.

男：I have been there to see *ukiyoe* once.
I want to see them in Japan, too.

女：I went to the city art museum last weekend.
It was very interesting. You should go there.

Question：Why was Rio surprised?

ア Because Mike said some museums in his country had *ukiyoe*.
イ Because Mike learned about *ukiyoe* last weekend.
ウ Because Mike went to the city art museum in Japan last weekend.
エ Because Mike didn't see *ukiyoe* in his country.

No.4

女：Hello, Hiroshi. How was your holiday?

男：It was great, Lisa. I went to Kenroku-en in Kanazawa. It is a beautiful Japanese garden.

女：How did you go there?

男：I took a train to Kanazawa from Toyama.
Then I wanted to take a bus from Kanazawa Station, but there were many people. So I ★decided to walk.

女：Oh, really? How long did it take ★from the station to Kenroku-en?

男：About 25 minutes. I saw many people from other countries.

女：I see. Kanazawa is an ★international city.

Question：Which is true?

ア It took about 25 minutes from Toyama to Kanazawa.
イ Hiroshi walked from Kanazawa Station to Kenroku-en.
ウ Hiroshi went to many countries during his holiday.
エ Hiroshi took a bus in Kanazawa.

覚えたい表現
Memory work

★What kind of ～?
「どんな種類の～？」

★be surprised to ～
「～して驚く」

★decide to ～
「～することに決める
／決心する」
★from A to B
「AからBまで」

★international
「国際的な」

No.3

女：こんにちは，マイク。どんな本を読んでいるの？

男：やあ，リオ。浮世絵についての本だよ。先週それらについて学んだんだ。

女：そうなの。今，市立美術館で浮世絵を見ることができるよ。

男：本当に？そこに行きたいな。

　　僕の国にも，浮世絵のある美術館があるよ。

女：え，本当に？それを聞いて　驚いた　わ。

男：僕は一度そこに浮世絵を見に行ったことがあるよ。

　　日本でも見たいな。

女：先週末，市立美術館に行ったの。

　　とても面白かったわ。あなたも行くべきよ。

Question：なぜリオは驚きましたか？

> ㋐ マイクが彼の国の美術館に浮世絵があると言ったから。
> イ　マイクが先週末に浮世絵について学んだから。
> ウ　マイクが先週末に日本の市立美術館に行ったから。
> エ　マイクが彼の国で浮世絵を見なかったから。

解説
Explanation

選択肢が全て
Because Mike 〜 .
マイクが言ったことは
・浮世絵についての
本を読んでいる。
・浮世絵のある美術
館が自国にもある。
・自国の美術館に浮
世絵を見に行った
ことがある。
・日本でも浮世絵を
見たい。
質問は「リサが驚い
た理由」だから，アだ
ね。

No.4

女：こんにちは，ヒロシ。休みはどうだった？

男：すばらしかったよ，リサ。金沢の兼六園に行ったよ。

　　美しい日本庭園だよ。

女：そこにはどうやって行ったの？

男：富山から金沢まで電車に乗ったよ。

　　そして金沢駅からはバスに乗りたかったけれど，とても
　　たくさんの人がいたんだ。それで僕は歩くことにしたよ。

女：まあ，本当？駅から兼六園までどれくらい時間がかかったの？

男：約25分だよ。外国から来たたくさんの人を見たよ。

女：なるほど。金沢は国際都市ね。

Question：どれが正しいですか？

> ア　富山から金沢まで約25分かかった。
> ㋑ ヒロシは金沢駅から兼六園まで歩いた。
> ウ　ヒロシは休みの間にたくさんの国に行った。
> エ　ヒロシは金沢でバスに乗った。

選択肢から以下の
キーワードにしぼっ
て，音声の同様の単
語に注意しよう。
ア 25 minutes
イ walk
ウ many countries
エ bus
アはヒロシの3回目，
イ，エは2回目の発
言にあるけど，ウは
音声にはないね。ヒ
ロシは金沢駅から兼
六園まで歩いたの
で，イだね。

第4章　語句を入れる

基本問題

解答　No.1　（ア）土　（イ）2時30分　（ウ）青
　　　No.2　（ア）博物館〔別解〕美術館　（イ）150　（ウ）生活〔別解〕暮ら

 放送文　

No.1　女：David, the festival will ★be held ァ from Friday to Sunday , right?

　　男：Yes, Kyoko. I'm going to join the dance event at the music hall ァ★ on the second day .

　　女：That's great! Can I join, too?

　　男：Sure. It will start at ィ three in the afternoon.
　　　　Let's meet there ィ 30 minutes before that .
　　　　We will wear ゥ blue T-shirts when we dance.
　　　　Do you have one?

　　女：Yes, I do. I'll bring it.

No.2　男：What is this building, Kate? It looks very old.

　　女：This is a ァ museum , Eita.
　　　　It was built about ィ 150 years ago and used as a school.

　　男：What can we see here?

　　女：You can see how people ゥ lived ★a long time ago.
　　　　★Shall we go inside now?

　　男：OK. Let's go.

覚えたい表現
Memory work

★be held
「開催される」

★on the second day「2日目に」

★a long time ago
「昔」
★Shall we ～?
「（一緒に）～しましょうか？」

音声を聞く前に空欄を見て，どのような語句が入るか予想しよう。数を聞き取る問題は，アクセントに注意しよう。

日本語訳

解 説
Explanation

No.1 　女：デイビッド，お祭りは ｱ 金曜日から日曜日まで 開催されるのよね？

　　　　男：そうだよ，教子。僕は ｱ ２日目に 音楽ホールで行われるダンスイベントに参加する予定だよ。

　　　　女：いいわね！私も参加していい？

　　　　男：いいよ。それは午後 ｲ ３時 に始まるよ。

　　　　　　ｲ 30分前（＝午後２時30分） に現地で待ち合わせしよう。僕らはダンスをするときに ｳ 青いTシャツ を着るんだ。持っている？

　　　　女：ええ，持っているわ。それを持っていくね。

お祭り：
金曜日～日曜日

ダンスイベント：
２日目
開始時刻：午後 ３ 時
集合時刻：30分前
Tシャツの色：青色

No.2 　男：この建物は何だろう，ケイト？とても古そうだね。

　　　　女：これは ｱ 博物館 よ，英太。

　　　　　　約 ｲ 150 年前に建てられて，学校として使われたの。

　　　　男：ここでは何を見ることができるの？

　　　　女：昔の人々がどのように ｳ 生活していた かを見られるわ。では中に入りましょうか？

　　　　男：うん。行こう。

ｱ
museum「博物館／美術館」を聞き取ろう。
ｲ
one hundred and fifty（＝150）
fiftyのアクセントに注意。fiftyのアクセントは前にあるよ。
ｳ
how以下が間接疑問。lived「生活していた」を聞き取ろう。

練習問題

 放送文 💿**10**

No.1　(男)：Hi, Lisa. This is Mike. How's everything?

　　(女)：Great, thanks. ★What's up?

　　(男)：My brother is coming to Fukuoka next Friday and will stay here for three weeks.

　　　　How about going to a ramen shop together?

　　　　He has wanted to eat ramen in Fukuoka ★for a long time.

　　(女)：Oh, there's a good ramen shop near my house.

　　　　Let's go there.

　　(男)：That's great. He will be glad to hear that.

　　　　When and where shall we meet?

　　(女)：Can you come to my house at ₁ eleven in the morning next Saturday?

　　　　Then we can walk to the ramen shop together.

　　(男)：I'm sorry, I can't. I'm busy until three in the afternoon that day.

　　　　How about ★₁ the same time next ₇ Sunday ?

　　(女)：All right. Can I ★invite my friend Nancy?

　　(男)：Sure. See you then. Bye.

No.2　(男)：Thank you for coming to our concert today, Aya. How was it?

　　(女)：Wonderful! Everyone was great. You especially played the violin very well, James. I really enjoyed the concert.

　　(男)：I'm glad to hear that.

　　(女)：I want to play the violin, too. ₇Can you teach me ★how to play it ?

　　(男)：₇Sure. ₁I'm free every Thursday.

　　　　Please come to my house and we can practice together.

　　(女)：That's nice! Can I visit you next ₁ Thursday ?

　　(男)：Of course.

覚えたい表現 Memory work

★What's up?
「どうしたの？」

★for a long time
「長い間／ずっと」

★the same time
「同じ時間」
★invite ～
「～を招く／誘う」

★how to ～
「～する方法」

音声で流れない語句を答えなくてはならない場合もあるよ。そのようなときは，前後の内容から考えて語句を導き出そう。

日本語訳

No.1
　男：もしもし，リサ。マイクだよ。元気？

　女：元気よ。どうしたの？

　男：兄(弟)が今度の金曜日に福岡に来て，3週間いるんだ。
　　　一緒にラーメン屋に行かない？
　　　兄(弟)がずっと福岡のラーメンを食べたいって言っててさ。

　女：それなら家の近くにおいしいラーメン屋があるわよ。
　　　そこに行こうよ。

　男：やったあ。兄(弟)もそれを聞いたら喜ぶよ。
　　　いつどこで待ち合わせをしようか？

　女：今度の土曜日，ィ 午前11時 に私の家に来られる？
　　　歩いて一緒にラーメン屋まで行けるわ。

　男：ごめん，無理だ。その日は午後3時まで忙しいんだ。
　　　今度の ァ 日曜日 の ィ 同じ時間 はどう？

　女：いいわよ。友達のナンシーも誘っていい？

　男：もちろんだよ。じゃあそのときね。バイバイ。

ラーメン屋に行く曜日と時間を答える問題だね。
リサ：土曜日午前11時を提案。
マイク：日曜日の同じ時間を提案。

No.2
　男：今日はコンサートに来てくれてありがとう，アヤ。どうだった？

　女：素敵だったわ！みんな上手だった。特にあなたはバイオリンをとても上手に演奏していたね，ジェームス。
　　　本当にいいコンサートだったわ。

　男：それを聞いてうれしいよ。

　女：私もバイオリンを弾いてみたいわ。ァ 弾き方を教えてくれない？

　男：ァ いいよ。ィ 毎週木曜日は時間があるよ。
　　　僕の家においでよ，それなら一緒に練習できるよ。

　女：ありがとう！次の ィ 木曜日 に行ってもいい？

　男：もちろんだよ。

ァ
ジェームスはアヤにバイオリンを教える＝アヤはジェームスからバイオリンを学ぶ。learn「学ぶ」が適切だよ。音声で流れない単語を書く難問だね。practice を入れると後ろのfrom youと合わないから不適切だね。

ィ
Thursday「木曜日」を聞き取ろう。

← さらに詳しい解説

第5章　　　　対話と質問（複数）

基本問題

解答　No.1　イ　　No.2　ア　　No.3　イ　　No. 4　ア

 放送文　 11

男：Hello, Ms. Brown.

女：Hi, Kenji. You don't look well today. ★What happened?

男：Last week we had a basketball game.

I was ★so nervous that I couldn't play well.

No.1 イFinally, our team lost the game.

女：Oh, I understand how you feel.

I played basketball for ten years in America.

I felt nervous during games, too.

男：Oh, did you? No.2 ア I always ★feel sorry for my friends in my team when I make mistakes in the game.

女：Kenji, I had the same feeling. When I made a mistake in the game, I ★told my friends that I was sorry.

But one of my friends said, "Don't feel sorry for us. We can ★improve by making mistakes. You can try again!"

She told me with a big smile.

Her words and smile ★encouraged me.

★Since then, I have ★kept her words in mind.

男：Thank you, Ms. Brown. I learned a very important thing from you. No.4 ア Now I believe that I can improve my basketball skills by making mistakes.

女：Great, Kenji! I'm glad to hear that. No.3 イ When is your next game?

男：Oh, No.3 イ it's in November. Please come to watch our game!

女：Sure. I'm ★looking forward to seeing it. Good luck.

男：Thank you, Ms. Brown. I'll ★do my best.

覚えたい表現 Memory work

★What happened?
「何かあった？」

★so…that 〜
「とても…なので〜」

★feel sorry for 〜
「〜に申し訳なく思う」

★tell＋人＋that 〜
「(人)に〜と言う」

★improve
「上達する」

★encourage 〜
「〜を励ます」
★since then
「それ以来」
★keep 〜 in mind
「〜を心に留める」

★look forward to 〜 ing
「〜することを楽しみにする」
★do one's best
「ベストを尽くす」

音声を聞く前に問題文や選択肢を読んでおこう。対話が長いので，集中力を切らさず，答えに関する内容を正しく聞き取ってメモしよう。

日本語訳

男：こんにちは，ブラウン先生。

女：あら，ケンジ。今日は元気がないわね。何かあった？

男：先週，バスケットボールの試合がありました。

とても緊張してうまくプレーできなかったんです。

No.1 ィ 結局，僕らのチームは試合に負けてしまいました。

女：まあ，私はあなたの気持ちがわかるわ。

私はアメリカで10年間バスケットボールをしていたの。

私もゲーム中に緊張していたわ。

男：先生もですか？ No.2 ァ 僕は試合でミスをしたとき，いつもチームの友達に申し訳なく思います。

女：ケンジ，私も同じ気持ちだったわ。試合で自分がミスをしたとき，友達に謝っていたの。

でも，友達の1人が，「申し訳なく思うことはないわ。

私たちはミスをすることで上達するの。

また挑戦すればいいのよ！」と満面の笑みで言ってくれたのよ。

彼女の言葉と笑顔に励まされたわ。

それ以来，彼女の言葉を心に留めているの。

男：ありがとうございます，ブラウン先生。僕は先生からとても大切なことを学びました。No.4 ァ 今はミスをすることによってバスケットボールの技術を上達させられると信じています。

女：すごい，ケンジ！それを聞いてうれしいわ。No.3 ィ 次の試合はいつ？

男：ああ，No.3 ィ 11月にあります。僕たちの試合を見に来てください！

女：いいわ。試合を見るのを楽しみにしているわ。がんばってね。

男：ありがとうございます，ブラウン先生。ベストを尽くします。

・先週の試合でケンジのチームは負けた。
・ブラウン先生はアメリカで10年間バスケットボールをしていた。
・ケンジはミスをすると友達に申し訳ないと思う。
・ブラウン先生はミスをすると友達に謝っていた。
・しかし，ブラウン先生の友達がまた挑戦すればいいと言った。その言葉と笑顔に励まされた。
・ケンジはブラウン先生からとても大切なことを学んだ。今ではミスをすることでバスケットボールの技術が上達すると信じている。
・ケンジの次の試合は11月にある。
・ブラウン先生は試合を楽しみにしている。
・ケンジはベストを尽くすつもりだ。

練習問題

解答　No.1　イ　　No.2　イ　　No.3　エ　　No.4　エ

 放送文　12

女：Hi, Daiki. What will you do during the spring vacation?

男：My family will spend five days in Tokyo with my friend, Sam.
He is a high school student from Sydney. I met him there.

女：I see. No.1 イ Did you live in Sydney?

男：No.1 イ Yes. My father worked there when I was a child.
Sam's parents ★asked my father to take care of Sam in Japan.
No.2 イ He will come to my house in Osaka next week.

女：Has he ever visited Japan?

男：No, he hasn't. I haven't seen him for a long time, but we
often send e-mails to ★each other.

女：How long will he stay in Japan?

男：For ten days. No.3 エ Have you ever been to Tokyo, Cathy?

女：No.3 エ No, but I'll visit there this May with my friend, Kate.
She lives in America. Do you often go to Tokyo?

男：Yes. My grandmother lives there.
We will visit the zoo and the museum with her.
We will also go shopping together.

女：★That sounds good. Sam will be very glad.

男：I hope so. Well, I sent him a book about Tokyo which has
★a lot of beautiful pictures.

女：Cool. I also want to give a book like that to Kate because
No.4 エ she likes taking pictures of beautiful places.
★Actually, she has been to many foreign countries to take
pictures.

男：That's interesting. I like taking pictures, too.
So I want to see the pictures she took in other countries.

女：OK. I'll tell her about that.

男：Thank you.

Question No.1：Where did Daiki live when he was a child?

Question No.2：Who will come to Daiki's house next week?

Question No.3：Has Cathy visited Tokyo before?

Question No.4：What does Kate like to do?

★ask＋人＋to 〜
「（人）に〜するよう
に頼む」

★each other
「お互いに」

★That sounds
good.
「それはいいね」
★a lot of 〜
「たくさんの〜」

★actually
「実際に／実は」

ダイキとキャシーの対話。ダイキの友達のサムと，キャシーの友達のケイトも出てくるよ。音声を聞きながら，誰が何をしたかをメモしよう。

日本語訳

解 説
Explanation

女：こんにちは，ダイキ。春休みは何をするの？

男：家族で，友達のサムと一緒に東京に5日間滞在するよ。サムはシドニー出身の高校生だよ。僕はシドニーで彼と知り合ったんだ。

女：そうなんだ。No.1ィ <u>あなたはシドニーに住んでいたの？</u>

男：No.1ィ <u>そうだよ。僕が子どものころ，父がシドニーで働いていたんだ。</u>サムの両親が，日本に行くサムの面倒を見てくれるよう父に頼んだんだよ。

No.2ィ <u>サムは来週，大阪の我が家に来るよ。</u>

女：彼は日本に来たことがあるの？

男：ないよ。僕も長いこと彼に会っていないんだ，でもお互いによくメールを送り合っているよ。

女：彼は日本にどのくらい滞在するの？

男：10日間だよ。No.3ェ <u>キャシーは東京に行ったことある？</u>

女：No.3ェ <u>いいえ，</u>でも友達のケイトと，今年の5月に行くつもりよ。彼女はアメリカに住んでいるわ。あなたはよく東京に行くの？

男：うん。祖母が住んでいるんだ。
僕たちは，祖母と一緒に動物園と博物館に行く予定だよ。
それから一緒に買い物にも行くつもりなんだ。

女：それはいいわね。サムはとても喜ぶと思うわ。

男：そうだといいな。そういえば，僕はサムに，素敵な写真がたくさん載っている東京に関する本を送ったんだよ。

女：いいわね。私もそういう本をケイトに送りたいわ，No.4ェ <u>彼女は美しい場所の写真を撮るのが好きだから。</u>
実は，彼女は写真を撮るためにたくさん外国に行っているのよ。

男：それは興味深いな。僕も写真を撮るのが好きだよ。
だから彼女が外国で撮った写真を見たいな。

女：わかった。彼女にそう伝えておくわ。

男：ありがとう。

Question No.1：ダイキは子どものころ，どこに住んでいましたか？

Question No.2：来週，誰がダイキの家に来ますか？

Question No.3：キャシーは以前，東京に行ったことがありますか？

Question No.4：ケイトは何をするのが好きですか？

No.1
ダイキについての質問だね。ダイキは幼少期にシドニーに住んでいたと言っているね。

No.2
ダイキの家に来るのは，ダイキの友達のサムだね。

No.3
キャシーは，東京に行く予定はあるけれど，まだ行ったことはないと言っているね。Has Cathy〜？と聞かれたから，No, she hasn't. と答えよう。

No.4
キャシーが友達のケイトの好きなことを紹介しているね。

← さらに詳しい解説

第６章　　　英文と質問（複数）

基本問題

解答　No.1　ア　　No.2　エ　　No.3　ウ

 放送文　13

Today is the last day before summer vacation.

From tomorrow, you'll have twenty-five days of vacation and I'll give you some homework to do.

For your homework, you must write a report about the problems in the ★environment and you must use ★more than one hundred English words.

We've ★finished reading the textbook about the problems in the environment.

So, No.1 ア in your report, you must write about ★one of the problems in the textbook that is interesting to you.

★The textbook says that there are many kinds of problems like water problems or fires in the mountains.

No.2 エ The textbook also says that everyone in the world must continue thinking about ★protecting the environment from these problems.

If you want to know more about it, use the Internet or books in the city library.

No.3 ウ Please give me your report at the next class.

I hope you enjoy this homework and have a good vacation.

覚えたい表現
Memory work

★environment
「環境」
★more than ～
「～以上」
★finish ～ ing
「～し終える」

★one of ～
「～の１つ」

★the textbook says
(that)～「教科書に
は～と書いてある」

★protect A from B
「BからAを守る」

音声を聞く前に，問題文，質問，選択肢の内容から，聞き取るべきキーワードをイメージできたかな？それらのキーワードに関連する部分を中心にメモをとろう。

日本語訳

今日は夏休み前の最終日です。

明日からみなさんは25日間の休暇に入るので，宿題を出します。

みなさんは宿題として，環境問題についてのレポートを書いてください，なお，英単語を100語以上使わなければいけません。

私たちは環境問題についての教科書を読み終えました。

ですから_{No.1}ァレポートでは，教科書の中で自分の興味がある問題の1つについて書いてください。

教科書には，水問題や山火事のような，多くの種類の問題があると書いてあります。

_{No.2}ェまた，教科書には，世界中の誰もが，これらの問題から環境を守ることを考え続けなければいけない，とも書いてあります。

もっと詳しく知りたい人は，インターネットや市立図書館にある本を利用してください。

_{No.3}ゥレポートは，次の授業で私に提出してください。

みなさんがこの宿題を楽しみ，良い休暇を過ごすことを願っています。

解　説
Explanation

・夏休み前の最終日。明日から25日間の休みに入る。

・環境問題についてのレポートを書く。英単語を100語以上使う。

・環境問題についての教科書を読み終えた。

・教科書の中で興味がある問題を選ぶ。

・教科書には世界中の誰もが環境を守ることについて考え続けなければならないと書いてある。

・詳しく知りたい人はインターネットや市立図書館の本を利用する。

・次の授業でレポートを提出する。

練習問題

解答　No.1　イ　　No.2　エ　　No.3　ウ　　No.4　イ

放送文　🔘14

Today, I'll tell you about my grandmother's birthday party.

Before her birthday, I talked about a birthday present for her with my father and mother.

My father said, "Let's go to a cake shop and buy a birthday cake."

No.1 イ My mother said, "That's a good idea. I know a good cake shop." But when I saw my bag, I had another idea. I said, "No.2 エ My grandmother made this bag ★as my birthday present last year, so I want to make a cake for her."

They agreed.

No.3 ウ On her birthday, I started making the cake at nine in the morning. My father and mother helped me because that was ★my first time. I finished making it at one in the afternoon.

We visited my grandmother at six and started the party for her.

First, we enjoyed a special dinner with her.

After that, I showed her the cake.

When she saw it, she said, "Wow, did you make it? I'm so happy. Thank you, Kyoko."

I ★was happy to hear that.

No.4 イ Then we ★sang a birthday song for her and ate the cake with her. I'll never forget that wonderful day.

Question No.1：Who knew a good cake shop?

Question No.2：Why did Kyoko want to make a cake for her grandmother?

Question No.3：★How many hours did Kyoko need to make the cake?

Question No.4：What did Kyoko do at her grandmother's birthday party?

★as ～「～として」

★my first time
「（私にとって）初めてのこと」

★be happy to ～
「～してうれしい」
★sang
sing「歌う」の過去形

★How many
hours ～?
「何時間～?」

選択肢から，No.1は人物，No.2は理由，No.3は時間，No.4は行動についての質問だと推測できるね。関連部分の音声に注意しながら聞き取ってメモをし，質問にそなえよう。

日本語訳

解説
Explanation

今日は，私の祖母の誕生日パーティーについて話そうと思います。

誕生日の前に，私は，祖母にあげる誕生日プレゼントについて両親と話しました。

父は，「ケーキ屋に行って誕生日ケーキを買おう」と言いました。

No.1 ｲ 母は，「いい考えね。私はおいしいケーキ屋を知っているわ」と言いました。しかし私は，自分のバッグを見て別の考えが浮かびました。

「No.2 ｴ おばあちゃんは去年，私の誕生日プレゼントとしてこのバッグを作ってくれたの。だから私はケーキを作りたいわ」と私は言いました。両親も賛成してくれました。

No.3 ｳ 誕生日当日，私は午前9時からケーキを作り始めました。ケーキ作りは初めてのことだったので，両親が手伝ってくれました。私は午後1時にケーキを作り終えました。

私たちは6時に祖母の家に行き，パーティーを始めました。

まず，一緒にごちそうを楽しみました。

その後，私は祖母にケーキを見せました。

それを見ると，祖母は，「まあ，自分で作ったの？とってもうれしいわ。ありがとう，教子」と言いました。

私はそれを聞いてうれしくなりました。

No.4 ｲ それから私たちは，祖母のために誕生日の歌を歌って，一緒にケーキを食べました。私はあの素晴らしい日を決して忘れません。

Question No.1：おいしいケーキ屋を知っていたのは誰ですか？

Question No.2：教子はなぜ祖母にケーキを作ってあげたかったのですか？

Question No.3：教子はケーキを作るのに何時間かかりましたか？

Question No.4：教子は祖母の誕生日パーティーで何をしましたか？

No.1
おいしいケーキ屋を知っていた人は，ケーキを買おうと言ったお父さんではないよ。教子のお母さんだね。

No.2
おばあちゃんがバッグを作ってくれたから，自分も手作りのものをあげたいと思ったんだね。

No.3
午前9時から午後1時までだから，4時間だね。

No.4
教子が話したのは，イの「祖母のために両親と誕生日の歌を歌った」だね。

第７章	作　文

基本問題

解答　No.1　（例文）We can give her some flowers.

No.2　（例文）I can play soccer with him. It's bcause I can talk with him in Japanese while we are playing soccer.

 放送文　15

No.1

女：Hi, John. Do you know our classmate Eiko will leave Tokyo and live in Osaka from next month?

We have to ★say goodbye to her soon.

男：Really, Kyoko? I didn't know that. I'm very sad.

女：Me, too. Well, let's do something for Eiko. What can we do?

男：（　　　　）

No.2

Hello, everyone.

Next week a student from Australia will come to our class and study with us for a month.

His name is Bob.

He wants to enjoy his stay.

He likes sports very much and wants to learn Japanese.

Please tell me what you can do for him and why.

> 📍 **覚えたい表現**
> **Memory work**

★say goodbye to ～
「～にさよならを言う」

— 33 —

No.1では引っ越すクラスメートに，No.2ではオーストラリアからの留学生に対してできることを英文で書くよ。間違えずに書ける単語や表現を使って短くまとめよう。

日本語訳

解説
Explanation

No.1　女：こんにちは，ジョン。クラスメートのエイコが東京を去り，

来月から大阪に住むことになったって知ってる？

もうすぐさよならを言わなければならないわ。

男：本当に，教子？それは知らなかったよ。とても悲しいね。

女：私もよ。エイコのために何かしましょう。

何ができるかしら？

男：（　　　　　）

No.1
東京から大阪へ引っ越すクラスメートにしてあげられることを書こう。
（例文の訳）
「花束をあげることができるね」
「（人）に（もの）をあげる」＝give＋人＋もの

No.2　みなさん，こんにちは。

来週，オーストラリアから1人の留学生がこのクラスに来て，

一緒に1か月間勉強する予定です。

彼の名前はボブです。

彼はこの滞在を楽しみたいと思っています。

彼はスポーツが大好きで，日本語を学びたいと思っています。

あなたが彼のためにできることと，その理由を教えてください。

No.2
スポーツが大好きで日本語を学びたい留学生のためにできることと，その理由を書こう。
（例文の訳）
「僕は彼と一緒にサッカーをすることができます。サッカーをしながら，彼と日本語で話をすることができるからです」

練習問題

解答　No.1　ウ　　No.2　They should tell a teacher.

No.3　（例文）I want to go to America because there are a lot of places
to visit.

★Welcome to our school. I am Lucy, a second-year student of this school. We are going to show you around our school today.

Our school was built in 2019, so it's still new.

Now we are in the gym.

We will start with the library, and I will ★show you how to use it.

Then we will look at classrooms and the music room, and No.1 ウ we will finish at the lunch room. There, you will meet other students and teachers.

After that, we are going to have ★a welcome party.

There is something more I want to tell you.

We took a group picture ★in front of our school.

No.2 If you want one, you should tell a teacher tomorrow.

Do you have any questions?

Now let's start.

Please come with me.

Question No.1：Where will the Japanese students meet other students and teachers?

Question No.2：If the Japanese students want a picture, what should they do tomorrow?

Question No.3：If you study abroad, what country do you want to go to and why?

★Welcome to ～ .
「～へようこそ」

★show＋人＋もの
「（人）に（もの）を見せる」

★a welcome party「歓迎会」

★in front of ～
「～の前で」

「…ので〜したい」＝I want to 〜 because …. は英作文でよく使う形なので覚えておこう。

日本語訳

私たちの学校へようこそ。私はルーシー，この学校の２年生です。

今日はみなさんに学校を案内します。

私たちの学校は2019年に建てられました，ですからまだ新しいですね。

私たちは今，体育館にいます。

まず図書館から始めましょう，その使い方を教えます。

それから，教室と音楽室を見て，No.1 ｳ最後に食堂を見ます。そこで，

みなさんは他の生徒や先生と対面することになっています。

その後，歓迎会をする予定です。

みなさんにお伝えしたいことがもう少しあります。

校舎の前でグループ写真を撮りましたね。

No.2その写真が欲しい人は，明日先生に申し出てください。

何か質問はありますか？

では行きましょう。

私についてきてください。

Question No.1：日本の生徒はどこで他の生徒や先生と会いますか？

Question No.2：日本の生徒は写真が欲しい場合，明日何をすべきですか？

Question No.3：もしあなたが留学するなら，どの国に行きたいですか，

そしてそれはなぜですか？

No.1
他の生徒や先生と対面する場所は食堂＝the lunch roomだから，**ウ**だね。

No.2
Ifで始まる文の後半の内容を答えればいいね。

No.3
したいこととその理由を答えるときは，I want to 〜 because …. の形を使おう。
（例文の訳）
「訪れるたくさんの場所があるので，私はアメリカに行きたいです」

P3	What do you want to do in the future?	あなたは将来何をしたいですか？
	by bike	自転車で
	Can you ～?	～してくれませんか？
	Can I ～?	～してもいいですか？
	look at ～	～を見る
	have to ～	～しなければならない
P5	What's the matter?	どうしたの？
	last night	昨夜
	go to bed	寝る
	get up	起きる
	for ～（期間を表す言葉）	～の間
	stop ～ ing	～することをやめる
	How about ～?	～はどうですか？
	Thank you for ～ ing.	～してくれてありがとう
	for ～（対象を表す言葉）	～のために
P7	What time shall we meet?	何時に待ち合わせる？
	the ＋最上級 + in +○○	○○の中で最も…
	no + 人	（人）が1人も～ない
	I've never ～.	私は一度も～したことがない
	keep ＋人／もの＋状態	（人／もの）を（状態）に保つ
P9	school festival	学園祭
	look ～	～のように見える
	next to ～	～のとなりに
	I hear（that）～.	～だそうだ
	be good at ～ ing	～することが得意だ
	be glad to ～	～してうれしい
	over ～	～以上
	make a speech	スピーチをする
	the number of ～	～の数
	keep ～ ing	～し続ける
	go up	増加する
	go down	減少する
P11	Have you ever been to ～?	～に行ったことがありますか？
	May I help you?	お手伝いしましょうか？／いらっしゃいませ
	look for ～	～を探す
	What are you going to do?	何をするつもりですか？
	go fishing	釣りに行く
	May I speak to ～?	（電話で）～さんをお願いてきますか？
P13	You have the wrong number.	番号が違っています
	I've just ＋過去分詞.	ちょうど～したところだ
	be famous for ～	～で有名である
	How long does it take to ～?	～するのにどれくらい時間がかかりますか？
	There is no ～.	～がない
P15	be ready	準備ができている
	tell + 人 + to ～	（人）に～するように言う
	Would you like some more?	もう少しいかが？
	How much ～?	～はいくらですか？

P17	Are you free?	（時間）が空いている？
	be out	外出している
	want ＋人＋ to ～	（人）に～してほしい
	Can I leave a message?	伝言をお願いてきますか？
	Could you ～?	～していただけませんか？
P19	What kind of ～?	どんな種類の～？
	be surprised to ～	～して驚く
	decide to ～	～することに決める／決心する
	from A to B	A から B まで
	international	国際的な
P21	be held	開催される
	on the second day	2日目に
	a long time ago	昔
	Shall we ～?	（一緒に）～しましょうか？
P23	What's up?	どうしたの？
	for a long time	長い間／ずっと
	the same time	同じ時間
	invite ～	～を招く／誘う
	how to ～	～する方法
P25	What happened?	何かあった？
	so…that ～	とても…なので～
	feel sorry for ～	～に申し訳なく思う
	tell ＋人＋ that ～	（人）に～と言う
	improve	上達する
	encourage ～	～を励ます
	since then	それ以来
	keep ～ in mind	～を心に留める
	look forward to ～ ing	～することを楽しみにする
	do one's best	ベストを尽くす
P27	ask ＋人＋ to ～	（人）に～するように頼む
	each other	お互いに
	That sounds good.	それはいいね
	a lot of ～	たくさんの～
	actually	実際に／実は
P29	environment	環境
	more than ～	～以上
	finish ～ ing	～し終える
	one of ～	～の1つ
	the textbook says (that) ～	教科書には～と書いてある
	protect A from B	B から A を守る
P31	as ～	～として
	my first time	（私にとって）初めてのこと
	be happy to ～	～してうれしい
	sang	sing「歌う」の過去形
	How many hours ～?	何時間～？
P33	say goodbye to ～	～にさよならを言う
P35	Welcome to ～.	～へようこそ
	show ＋人＋もの	（人）に（もの）を見せる
	a welcome party	歓迎会
	in front of ～	～の前で

聞き違いをしやすい表現
Easy to mistake

 17

1 聞き違いをしやすい数

<ruby>サー<rt>サー</rt></ruby>**ティ**ーン　　**サー**ティ
thirteen「13」と thirty「30」

 アクセントの位置に着目

 後　　　 前
thirteen「13」と **thirty**「30」

フォーティーン　　フォーティ
fourteen「14」と forty「40」

フィフティーン　　フィフティ
fifteen「15」と fifty「50」

シックスティーン　　シックスティ
sixteen「16」と sixty「60」

セブンティーン　　セブンティ
seventeen「17」と seventy「70」

エイティーン　　エイティ
eighteen「18」と eighty「80」

ナインティーン　　ナインティ
nineteen「19」と ninety「90」

2 聞き違いをしやすい英語

キャン　　　　キャン(ト)
can「できる」と can't「できない」

 次の単語との間に着目

 間がない　　 間がある
can 〜　　　can't 〜

ウォント　　　　　　　ワントゥ
won't「しないつもり」と want to「したい」

フェアー　　　　　　フェン
where「どこ?」と when「いつ?」

3 同じ発音で違う意味の英語

ワン　　　　　　ワン
won「勝った」と one「1」

 単語の位置や文の意味で判断

「アイ ワン ザ プライズ」だったら
→ I won the prize.
私は賞を勝ち取りました

レッド　　　　レッド
red「赤」と read「読んだ」

「アイ チョゥズ ワン」だったら
→ I chose one.
私は1つを選びました

4 セットで読まれる英語

ゼァリズ
There is

 連語表現の発音に慣れよう

「ゼアー」と「イズ」を続けて読むと「ゼァリズ」
There　　　 is

ゲラップ	ピカップ	オプニット	シェイキット	トーカバウト	ハフトゥ
get up	pick up	open it	shake it	talk about	have to

ワノブ	ウォンチュー	ミーチュー	ディジュー	ミシュー
one of	want you	meet you	Did you	miss you

高校入試対策

英語リスニング 練習問題

基本問題集

contents

※**解答集は別冊です**

はじめに

　グローバル化が急速に進展する中で，外国語によるコミュニケーション能力は，一部の業種や職種だけでなく，今後の生活の様々な場面で必要になってきます。

　学習指導要領では，小・中・高等学校での一貫した外国語教育を通して，外国語による「聞くこと」，「読むこと」，「話すこと」，「書くこと」の４つの技能を習得し，簡単な情報や考えなどを理解したり伝えあったりするコミュニケーション能力を身につけることを目標としています。

　これを受けて，高校入試の英語リスニング問題は，公立高校をはじめ私立高校においても，問題数の増加や配点の上昇が顕著になってきています。

　本書は，全国の高校入試の英語リスニングでよく出題されるパターンを，７つの章に分類し，徹底的に練習できるようになっています。リスニングの出題形式に慣れるとともに，解き方，答え合わせや復習のしかたがよく分かるようになるので，限られた時間の中で効率よく学習ができます。

　高校入試の英語リスニング問題は，基礎的な単語や文法が中心で，長文読解問題に比べればそれほど複雑な内容ではありません。聴き取れれば解ける問題ばかりです。

　本書で，やさしい問題から入試レベルの問題までを繰り返し練習し，入試本番の得点力を身につけてください。

この問題集の特長と使い方

１．準備をする！

　高校入試では一斉リスニングの場合がほとんどです。できればイヤホン（ヘッドホン）を使わずに，CD プレイヤーやスピーカーを準備しよう。

　問題は，章ごとに「基本問題」と「練習問題」があります。「基本問題」に取りかかる前に，「　ポイント」を読んでおこう。　ヒント や メモ，　ミスに注意 にも，あらかじめ目を通しておこう。

２．問題に取り組む！

　準備ができたら，集中して音声を聴こう。間違えてもいいので必ず答えを書くことを心がけよう。

３．解答だけを確認する！

　ひとつの問題を解き終えたら，解答集ですぐに答え合わせをしよう。このとき，まだ放送文や日本語訳は見ないでおこう。解答だけを確認したら，もう一度音声を聴こう。正解した問題は聴き取れたところを，間違えてしまった問題は聴き取れなかったところを，意識しながら聴いてみよう。

４．放送文を確認する！

　今度は，解答集の放送文（英文）を目で追いながら音声を聴いてみよう。このとき，キーワード やキーセンテンス（カギとなる重要な文）を確実に聴き取れるまで何度も繰り返し聴いてみよう。途中で分からなくなったら最初から聴き直そう。

5．覚えたい表現やアドバイスを確認する！

　解答集では，英語リスニング問題でよく出る「覚えたい表現」や，同じパターンの問題を解くときのコツなどをアドバイスしています。よく読んでおこう。

6．日本語訳を確認する！

　解答集は，放送文と日本語訳が見開きのページに載っているので，照らし合わせながら確認しよう。内容を正しく理解できているか，会話表現の独特な言い回しをきちんと把握できているかを確認しよう。知らなかった単語や表現はここでしっかりと覚えておこう。

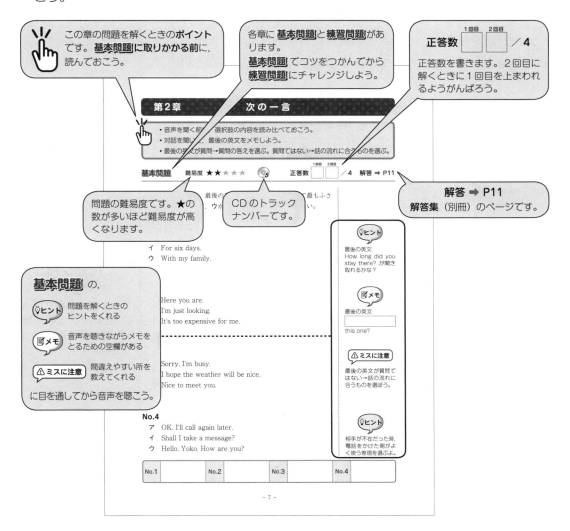

この章の問題を解くときの**ポイント**です。**基本問題**に取りかかる前に，読んでおこう。

各章に**基本問題**と**練習問題**があります。**基本問題**でコツをつかんでから**練習問題**にチャレンジしよう。

正答数を書きます。2回目に解くときに1回目を上まわれるようがんばろう。

| 第2章 | 次 の 一 言 |

・音声を聞く前に，選択肢の内容を読み比べておこう。
・対話を聞いて，最後の英文をメモしよう。
・最後の英文が質問→質問の答えを選ぶ。質問ではない→話の流れに合うものを選ぶ。

問題の難易度です。★の数が多いほど難易度が高くなります。

CDのトラックナンバーです。

解答 ➡ P11
解答集（別冊）のページです。

基本問題 の，

🔍ヒント　問題を解くときのヒントをくれる

📝メモ　音声を聴きながらメモをとるための空欄がある

⚠️ミスに注意　間違えやすい所を教えてくれる

に目を通してから音声を聴こう。

イ　For six days.
ウ　With my family.

Here you are.
I'm just looking.
It's too expensive for me.

Sorry, I'm busy.
I hope the weather will be nice.
Nice to meet you.

No.4
ア　OK. I'll call again later.
イ　Shall I take a message?
ウ　Hello, Yoko. How are you?

🔍ヒント
最後の英文
How long did you stay there? が聞き取れるかな？

📝メモ
最後の英文

this one?

⚠️ミスに注意
最後の英文が質問ではない→話の流れに合うものを選ぶ。

🔍ヒント
相手が不在だった時，電話をかけた側がよく使う表現を選ぶよ。

| No.1 | | No.2 | | No.3 | | No.4 | |

🔊 **音声の聴き方**

　CDで音声を聴くことができます。CD以外でも，教英出版ウェブサイトでID番号を入力して音声を聴くことができます。ID番号を入力して音声を聴く方法は，都道府県版（別冊）の1ページをご覧ください。

- 音声を聞く前に選択肢の絵やグラフを見比べておこう。
- 絵やグラフを見比べたら，どんな英文が流れるか予想してみよう。
- 音声を聞きながら，答えに関係しそうな内容をメモしよう。

基本問題A　難易度 ★☆☆☆☆　　正答数 1回目□ 2回目□　／３　解答 ➡ Ｐ３

次の対話を聞いて，そのあとの質問に対する答えとして最もふさわしい絵を，ア，イ，ウ，エから１つ選び，記号を書きなさい。

No.1

ア　　　　　　イ　　　　　　ウ　　　　　　エ

> 💡ヒント
>
> 職業を選ぶ問題かな？

No.2

ア　　　　　　イ　　　　　　ウ　　　　　　エ

> 💡ヒント
>
> 「ヘルメットをかぶって自転車で公園に行き，野球をする」といった話かな？

No.3

ア　　　　　　イ　　　　　　ウ　　　　　　エ

> 📝メモ
>
> 卵
>
> みかん □ 個
>
> りんご □ 個
>
> ジュース

No.1		No.2		No.3	

次の英文や対話を聞いて，そのあとの質問に対する答えとして最もふさわしい絵を，**ア，イ，ウ，エ**から1つ選び，記号を書きなさい。

No.1

ア　　　　　イ　　　　　ウ　　　　　エ

 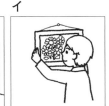  

腕時計＝watch
掛け時計／置き時計
＝clock

No.2

ア　　　　　イ　　　　　ウ　　　　　エ

天気：雨／雪
移動手段：
徒歩／自転車
どっちかな？

No.3

ア　　　　　イ　　　　　ウ　　　　　エ

昨夜 [　　　　]。

今朝 [　　　　]。

No.4

ア　　　　　イ　　　　　ウ　　　　　エ

⚠ ミスに注意

AMは午前，PMは午後だね。寝た時刻？起きた時刻？

No.1		No.2		No.3		No.4	

次の対話を聞いて，そのあとの質問に対する答えとして最もふさわしい絵やグラフを，
ア，イ，ウ，エから１つ選び，記号を書きなさい。

No.1

No.2

No.3

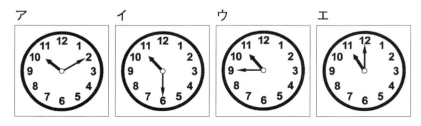

No.4 「球技大会で何をやりたいか？」～クラス別　アンケート結果～

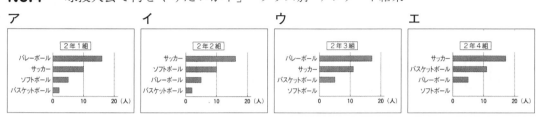

No.1		No.2		No.3		No.4	

次の対話や英文を聞いて，そのあとの質問に対する答えとして最もふさわしい絵やグラフを，**ア，イ，ウ，エ**から1つ選び，記号を書きなさい。

No.1

No.2

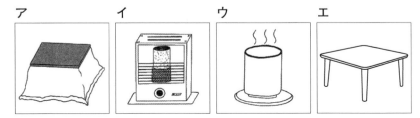

No.3

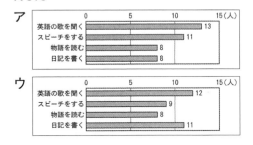

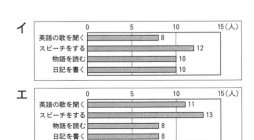

No.4

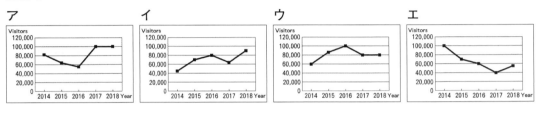

No.1		No.2		No.3		No.4	

第2章　　　次の一言

- 音声を聞く前に，選択肢の内容を読み比べておこう。
- 対話を聞いて，最後の英文をメモしよう。
- 最後の英文が質問→質問の答えを選ぶ。質問ではない→話の流れに合うものを選ぶ。

基本問題　　難易度 ★★☆☆☆　　　正答数 [1回目] [2回目] ／4　解答 ➡ P11

次の対話を聞いて，最後の英文に対する受け答えとして最もふさわしいものを，**ア**，**イ**，**ウ**から1つ選び，記号を書きなさい。

No.1

ア　By plane.
イ　For six days.
ウ　With my family.

最後の英文
How long did you stay there? が聞き取れるかな？

No.2

ア　Here you are.
イ　I'm just looking.
ウ　It's too expensive for me.

最後の英文

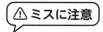

this one?

No.3

ア　Sorry, I'm busy.
イ　I hope the weather will be nice.
ウ　Nice to meet you.

⚠ **ミスに注意**

最後の英文が質問ではない→話の流れに合うものを選ぼう。

No.4

ア　OK. I'll call again later.
イ　Shall I take a message?
ウ　Hello, Yoko. How are you?

相手が不在だった時，電話をかけた側がよく使う表現を選ぶよ。

No.1		No.2		No.3		No.4	

次の対話を聞いて，最後の英文に対する受け答えとして最もふさわしいものを，ア，イ，ウ，エから1つ選び，記号を書きなさい。

No.1

ア　I don't know your phone number.

イ　I see. Do you want to leave a message?

ウ　Can you ask him to call me?

エ　I'm so sorry.

No.2

ア　Sorry. I haven't washed the tomatoes yet.

イ　I don't think so. Please help me.

ウ　Thanks. Please cut these carrots.

エ　All right. I can't help you.

No.3

ア　Ten o'clock in the morning.

イ　Only a few minutes.

ウ　Four days a week.

エ　Every Saturday.

No.4

ア　Sure. I'll do it now.

イ　No. I've never sent him a letter.

ウ　Yes. You found my name on it.

エ　Of course. I finished my homework.

No.1		No.2		No.3		No.4	

第3章　　対話や英文と質問（1つ）

- 音声を聞く前に，選択肢の内容を読み比べておこう。
- 対話を聞いて，人物の名前や行動などをメモしよう。
- 質問を聞いて，誰の何についての質問かメモしよう。

基本問題　難易度 ★★☆☆☆　　正答数 [ ] [ ] ／3　解答 ➡ P15

1回目　2回目

　次の対話や英文を聞いて，そのあとの質問に対する答えとして最もふさわしいものを，**ア，イ，ウ，エ**から1つ選び，記号を書きなさい。

No.1

ア　She is going to do Mike's homework with her husband.

イ　She is going to cook dinner in the dining room.

ウ　She is going to go to the dining room with Mike.

エ　She is going to eat dinner with her husband and Mike.

メモ

マイク：[ ]が終わった。おなかが[ ]。[ ]を呼びに行く。

母親：[ ]の準備ができた。

No.2

ア　Yes, please. I want more.

イ　Help yourself, Lisa.

ウ　I'm sorry. I can't cook well.

エ　Of course. You can take it.

ヒント

対話の最後のリサの勧めに対する答えを選ぶよ。

No.3

ア　They are in the nurse's office.

イ　They are in the library.

ウ　They are at a stationery shop.

エ　They are at a birthday party.

ヒント

選択肢のThey areは共通だね。場所を選ぶ問題だよ。

No.1		No.2		No.3	

次の対話を聞いて，そのあとの質問に対する答えとして最もふさわしいものを，ア，イ，ウ，エから1つ選び，記号を書きなさい。

No.1

ア　This Saturday.

イ　This Sunday.

ウ　Tomorrow.

エ　Next Monday.

No.2

ア　To do Tom's homework.

イ　To bring Eita's math notebook.

ウ　To call Tom later.

エ　To leave a message.

No.3

ア　Because Mike said some museums in his country had *ukiyoe*.

イ　Because Mike learned about *ukiyoe* last weekend.

ウ　Because Mike went to the city art museum in Japan last weekend.

エ　Because Mike didn't see *ukiyoe* in his country.

No.4

ア　It took about 25 minutes from Toyama to Kanazawa.

イ　Hiroshi walked from Kanazawa Station to Kenroku-en.

ウ　Hiroshi went to many countries during his holiday.

エ　Hiroshi took a bus in Kanazawa.

No.1		No.2		No.3		No.4	

第4章　　語句を入れる

- 音声を聞く前に空欄を見て，聞き取る内容をしぼろう。
- fifteen「15」とfifty「50」などを聞き分けるために，数はアクセントに注意しよう。
- Tuesday「火曜日」とThursday「木曜日」の違いなど，曜日を正しく聞き取ろう。

基本問題　難易度 ★★☆☆☆　◎9　　正答数 [1回目] [2回目] ／6　解答 ➡ P21

No.1　デイビッドと教子の対話を聞いて，【教子のメモ】の**ア，イ，ウ**にあてはまる言葉を日本語または数字で書きなさい。

【教子のメモ】

```
        お祭りのダンスイベント
・（　ア　）曜日に行われる。
・集合時刻は午後（　イ　）。
・集合場所は音楽ホール。
・Ｔシャツの色は（　ウ　）色。
```

📝メモ

お祭り:
□曜日〜□曜日

ダンスイベント:
□日目

開始時刻: 午後□時

集合時刻: □分前

Ｔシャツの色: □色

No.2　ケイトと英太の対話を聞いて，【英太のメモ】の**ア，イ，ウ**にあてはまる言葉を日本語または数字で書きなさい。

【英太のメモ】

```
・古い建物は（　ア　）である。
・約（　イ　）年前に建てられ，学校として使われていた。
・昔の人々がどのように（　ウ　）していたかを見ることができる。
```

⚠ ミスに注意

アクセントに注意して数を聞き取ろう。

No.1	ア		イ		ウ	
No.2	ア		イ		ウ	

No.1 マイクとリサの対話を聞いて，対話のあとに【リサがナンシーの留守番電話に残したメッセージ】の**ア**，**イ**にあてはまる言葉を英語または数字で書きなさい。

【リサがナンシーの留守番電話に残したメッセージ】

Hi, Nancy.　This is Lisa.

Mike's brother is going to stay in Fukuoka for three weeks.

So Mike and I have decided to take him to a ramen shop next （　ア　）.

They will come to my house at （　イ　）, and we will walk to the shop.

If you want to join us, please tell me.

No.2 ジェームスとアヤの対話を聞いて，対話のあとに【アヤがジェームスに送ったメール】の**ア**，**イ**にあてはまる言葉を英語で書きなさい。

【アヤがジェームスに送ったメール】

Hi, James.

I enjoyed the concert today.

I am happy because I can （　ア　） how to play the violin from you.

I will see you at your house on （　イ　）.

No.1	ア		イ	
No.2	ア		イ	

第5章　　　対話と質問（複数）

- 音声を聞く前に，問題文をよく読み，登場人物の名前や立場を把握しよう。
- 音声を聞く前に，選択肢（と質問）から聞き取る内容をしぼろう。
- 音声を聞きながら，「誰が何をした」に関する内容をメモしよう。

基本問題　難易度 ★★★☆☆　　正答数 | 1回目 | 2回目 | ／4　解答 ➡ P25

ALTのブラウン先生とケンジの対話を聞いて，次の質問に対する答えとして最もふさわしいものを，**ア，イ，ウ**から１つ選び，記号を書きなさい。

No.1　What happened to Kenji's basketball team last week?
　ア　His team won the game.
　イ　His team lost the game.
　ウ　His team became stronger by practicing hard.

No.2　How does Kenji feel when he makes mistakes in the basketball game?
　ア　He always feels sorry for his friends in his team.
　イ　He doesn't understand how he feels.
　ウ　He is encouraged by making mistakes.

No.3　When will Kenji have his next game?
　ア　He will have it in December.
　イ　He will have it in November.
　ウ　He will have it in October.

No.4　Which is true?
　ア　Kenji learned that he could improve his basketball skills by making mistakes.
　イ　Kenji was encouraged by his friend's words and smile.
　ウ　Kenji has played basketball for ten years in America.

📝**メモ**

・先週の試合でケンジのチームは [　] た。
・ブラウン先生は [　　] で [　] 年間バスケットボールをしていた。
・ケンジはミスをすると [　] に [　　] と思う。
・ブラウン先生はミスをすると [　] に [　　] いた。
・しかし，ブラウン先生の友達がまた [　　] すればいいと言った。その [　] と [　] に励まされた。
・ケンジはブラウン先生からとても [　] なことを学んだ。今ではミスをすることで [　　　] の技術が [　] すると信じている。
・ケンジの次の [　　] は [　] 月にある。
・ブラウン先生は [　　] を楽しみにしている。
・ケンジは [　　] つもりだ。

No.1		No.2		No.3		No.4	

ダイキとキャシーの春休みの予定についての対話を聞いて，そのあとの質問に対する答えとして最もふさわしいものを，**ア，イ，ウ，エ**から1つ選び，記号を書きなさい。

No.1

ア　He lived in Tokyo.

イ　He lived in Sydney.

ウ　He lived in Osaka.

エ　He lived in America.

No.2

ア　Cathy will.

イ　Sam will.

ウ　Sam's parents will.

エ　Kate will.

No.3

ア　Yes, she does.

イ　No, she doesn't.

ウ　Yes, she has.

エ　No, she hasn't.

No.4

ア　She likes to send e-mails.

イ　She likes to go shopping.

ウ　She likes to go to the zoo.

エ　She likes to take pictures.

No.1		No.2		No.3		No.4	

- 音声を聞く前に，問題文をよく読み，話をする人の名前や立場を把握しよう。
- 音声を聞く前に，選択肢（と質問）から聞き取る内容をしぼろう。
- 音声を聞きながら，キーワードをメモしよう。

基本問題　　難易度 ★★★☆☆　　　正答数 1回目□ 2回目□ ／3　解答 ➡ P29

　　ALTのグリーン先生が夏休みの宿題について話をします。それを聞いて，次の質問に対する答えとして最もふさわしいものを，ア，イ，ウ，エから1つ選び，記号を書きなさい。

No.1　生徒たちには，どのような宿題が出されましたか。
　ア　A report about one of the problems written in the textbook.
　イ　A report about what the students did during summer vacation.
　ウ　A report about how to use the city library.
　エ　A report about people around the world.

No.2　教科書には，何をしなければならないと書いてありましたか。
　ア　To read books in the city library for the report.
　イ　To finish writing a report about the problems in our environment.
　ウ　To learn about how the Internet can help the students.
　エ　To keep thinking about protecting our environment.

No.3　生徒たちは，いつ先生に宿題を提出しなければなりませんか。
　ア　After the next class.
　イ　At the end of summer vacation.
　ウ　At the first class after summer vacation.
　エ　At the last class of this year.

📝**メモ**

・□前の□。
明日から□日間の休みに入る。
・□問題についてのレポートを書く。英単語を□語以上使う。
・□についての□を読み終えた。
・□の中で□がある問題を選ぶ。
・□には□の誰もが環境を□について考え続けなければならないと書いてある。
・詳しく知りたい人は□や□の本を利用する。
・□でレポートを提出する。

No.1		No.2		No.3	

教子が祖母の誕生日パーティーについて話をします。それを聞いて，そのあとの質問に対する答えとして最もふさわしいものを，**ア，イ，ウ，エ**から１つ選び，記号を書きなさい。

No.1
ア　Kyoko's grandmother did.
イ　Kyoko's mother did.
ウ　Kyoko's father did.
エ　Kyoko did.

No.2
ア　Because Kyoko makes a birthday cake every year.
イ　Because Kyoko couldn't buy a cake at the cake shop.
ウ　Because Kyoko's grandmother asked her to make a cake.
エ　Because Kyoko's grandmother made a bag for her.

No.3
ア　Nine hours.
イ　Six hours.
ウ　Four hours.
エ　One hour.

No.4
ア　She enjoyed a special lunch with her grandmother.
イ　She sang a birthday song for her grandmother with her parents.
ウ　She said to her grandmother, "Thank you."
エ　She showed the bag to her grandmother.

No.1		No.2		No.3		No.4	

・音声を聞く前に，登場人物と作文の条件を確認しよう。
・本文→質問の順で放送されることが多い。質問は確実に聞き取ろう。
・自信のない表現は避け，自分が正しく書ける表現を使って英文を作ろう。

基本問題　　難易度 ★★★★☆　　　　正答数 1回目 2回目 ／2　解答 ➡ P33

No.1　ジョンと教子の対話を聞いて，教子の最後の問いかけに対する答えを，ジョンに代わって英文で書きなさい。

ヒント

転校していくクラスメートにしてあげられることを書こう。
We can ～「(僕らは)～できる」の書き出しではじめよう。

No.2　ALTのデイビッド先生の話を聞いて，先生の指示に対するあなたの答えを２文以上の英文で書きなさい。

ヒント

２文以上で書くよ。
質問で２つのことを聞かれるから，それぞれ１文ずつ書こう。
１文目は主語＋can～「～できる」の形で書くといいね。
２文目の理由は
It's because ～.
「それは～だからだ」を使おう。

No.1	
No.2	

カナダの高校に留学にきた日本の生徒たちに向けてルーシーが学校の案内をします。その説明を聞いて，次の各問いに答えなさい。

　No.1では，そのあとの質問に対する答えとして最もふさわしいものを，**ア，イ，ウ，エ**から1つ選び，記号を書きなさい。

　No.2 では，質問に対する答えをルーシーが説明した内容に合うように英文で書きなさい。

　No.3 では，質問に対するあなたの答えを英文で書きなさい。

No.1
　ア　In the gym.
　イ　In the library.
　ウ　In the lunch room.
　エ　In front of their school.

No.2　（質問に対する答えを英文で書く）

No.3　（質問に対する答えを英文で書く）

No.1	
No.2	
No.3	

CDトラックナンバー 一覧

音声の聴き方

　CDで音声を聴くことができます。CD以外でも，教英出版ウェブサイトでID番号を入力して音声を聴くことができます。ID番号を入力して音声を聴く方法は，都道府県版（別冊）の1ページをご覧ください。